KB092654

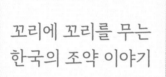

꼬리에 꼬리를 무는
한국의 조약 이야기

강화도조약부터 위안부 합의까지
우리 역사를 뒤흔든 조약들엔 무엇이 있을까?

꼬리에 꼬리를 무는

유정호 지음

한국의 조약 이야기

주니어태학

일러두기

● 책명·신문명은《 》, 단편 글과 작품명은〈 〉로 표기했습니다.

● 공식 명칭은 일본군 '위안부'지만 처음 등장한 이후에는 작은따옴표를 생략했습니다.

● 이미지 출처

경향신문: 149, 172~173, 176, 179, 184, 191, 212쪽 / 국립민속박물관: 48, 87쪽 / 국립중앙박물관: 100쪽 / 국사편찬위원회: 88쪽 / 국토교통부: 22쪽 / 녹색연합: 153쪽 / 문화재청: 17, 66쪽 / 서울대학교 규장각한국학연구원: 94쪽 / 서울연구원: 207쪽 / 연합뉴스: 155쪽 / 인천광역시: 29쪽 / 최윤석: 227쪽 / 한국관광공사: 69쪽 / 한국일보: 151쪽 / Ron Cogswell: 144쪽

● 추가로 저작권 협의가 필요한 이미지는 추후 적법한 절차를 밟아 사용하겠습니다.

역사를 공부하면서 가장 재미없고 힘든 부분을 꼽는다면 조약과 협정이 아닐까 싶네요. 그런데 조약과 협정은 무엇일까요? 조약은 국가 간에 반드시 지키기로 한 약속으로, 법적 구속력이 있습니다. 협정은 조약과 같은 효력을 가지지만 엄격한 형식을 취하지 않는 합의를 이야기합니다. 조약과 협정은 왜 그리도 많은지 외워도 외워도 끝이 없습니다. 더구나 지금은 잘 쓰이지 않거나 어려운 용어는 역사를 더욱 어렵게 만듭니다. 역사를 가르치는 저도 조약과 협정이 헷갈릴 때가 있습니다. 그때마다 공부하는 학생은 얼마나 어려울까 생각합니다.

그런데 조약과 협정을 꼭 알아야만 하는 걸까요? 결론부터 말씀드리면 '그렇습니다.' 조약과 협정을 지키지 않으면 국가가 멸망할 만큼 엄청난 후폭풍이 일어나기도 합니다. 특히 우리는 조약과 협정을 잘못 맺어 나라를 잃어버린 아픔을 겪은 적이 있습니다. 지금도 주권이 침해되는 조약으로 고통을 겪고 있고요. 몇 가지 사례를 들어 볼까요? 최초의 근대적 조약이자 불평등 조약인 강화도조약은 일본이 조선을 침략하려는 야욕을 키워 주었고, 한일기본조약(한일협정)은 일본이 과거의 범죄를 사과하지 않는 근거를 제공하고 있습니다. 한미방위비분담특별협정으로 우리는 매년 1조 원이 넘는 큰돈을 미국에 불필요하게 지급하고 있으며, 미군 기지 오염에 대해 책임을 묻지 못하고 있습니다. 그렇기에 우리는 조약을 체결할 때마다 신중 또 신중해야 합니다.

'과거를 바탕으로 새로운 것을 만들어 간다'는 옛말이 있습니다. 과거의 역사를 통해 지금보다 더 나은 대한민국을 만들어 가기 위해서는 우리 역사에 큰 영향을 미친 조약과 협정을 살펴볼 필요가 있습니다. 그래서 1876년부터 2021년까지 우리에게 큰 영향을 준 조약과 협정을 선정하여 책에 담았습니다. 조약과 협정 문구만 설명하기보다는 전체적인 상황을 이해할 수 있도록 배경과 전개 과정, 그리고 결과와 의미를 모두 살필 수 있도록 구성했습니다.

책에 조약과 협정이 체결된 장소에 관한 설명도 넣었습니다. 야구나 축구와 같은 스포츠에서도 홈그라운드가 갖는 이점이 크잖아요. 친숙하고 익숙한 경기장에서 자신을 응원해 주는 관중이 있는 홈그라운드는 승리에 도움을 줍니다. 하물며 조약과 협정을 체결하는 과정은 어떨까요? 조약 당사국들은 어떻게든 자국에 유리한 장소를 선택하려고 노력합니다. 그래서 조약이 체결되는 장소는 상대국을 압도할 수 있는 규모나 역사를 가진 경우가 많습니다. 물론 이런 조건에 해당하지 않는 경우도 있습니다. 어느 한쪽을 압도하는 경우가 아니라면 서로의 힘이 미치지 않는 제3국에서 조약을 체결하기도 합니다. 그렇다면 우리나라와 관련된 조약과 협정은 어디에서 체결되었을지 궁금하지 않으신가요? 조약과 협정이 체결된 장소를 알게 된다면 우리 역사가 훨씬 재미있어질 거예요.

2023년 7월

유정호

차례

 책을 내며 5

《1부 강화도조약에서 한일병합까지

1부

강화도조약에서
한일병합까지

강화도조약은 왜 조선 멸망의 시작점이 되었을까

기울어지는 조선, 탐욕에 찬 일본

19세기는 조선과 일본 모두에게 큰 변화가 찾아온 시기였어요. 우선 조선부터 살펴볼까요. 조선은 병자호란 이후 큰 전쟁 없이 평화로운 시기가 계속 이어졌어요. 하지만 안에서부터 여러 문제가 곪아 가고 있었어요. 곪던 것이 터진 계기는 정조의 갑작스러운 죽음이었어요. 정조의 아들인 순조가 왕으로 즉위하면서 왕의 외척(外戚, 왕비 쪽 가문)이 권력을 장악했어요. 이후 외척 안동김씨와 풍양조씨는 권력을 장악하는 데 혈안이 되어 백성의 삶에 관심을 두지 않았어요. 오로지 자신들의 배만 채우기 위해 온갖 부정과 비리를 저질렀지요. 이것

고종의 아버지로 권력을 잡은 흥선대원군

을 삼정三政의 문란◆이라고 불러요. 관리들의 가혹한 억압과 수탈을 견디지 못한 백성은 결국 봉기를 일으켰어요. 대표적으로 홍경래의 난과 임술농민봉기가 있어요. 하지만 왕과 외척은 백성이 봉기를 왜 일으키는지 관심조차 없었어요. 저항하는 농민을 처형하는 등 힘으로 억누를 뿐이었죠.

둘째 아들을 왕(고종)으로 즉위시키며 권력을 장악한 흥선대원군도 백성의 기대를 충족시키지 못했어요. 흥선대원군은 체제를 개선하기 위해 비변사를 폐지하고 호포제를 실시하는 등 여러 개혁을 펼쳤지만, 근본적으로 문제를 해결하지는 못했어요. 오히려 왕권을 강화하려고 경복궁을 다시 짓는 과정에서 백성들의 원망을 샀어요.

이럴 때 고종의 친정(親政, 왕이 정사를 직접 돌봄)을 요구하는 최익

❀ 삼정의 문란

토지에 부당한 세금을 징수하는 전정田政, 군역이 없는 사람에게 군포를 내게 하는 군정軍政, 강제로 쌀을 빌려 주고 많은 이자를 받는 환정還政을 말한다. 이 세 가지는 백성의 삶을 힘들게 하던 조선 후기의 대표적인 부정부패 현상이었다.

현의 상소가 올라왔어요. 이를 빌미로 22살의 고종은 흥선대원군을 하야(下野, 관직이나 정계에서 물러남)시키고 국정을 장악했어요. 이 과정에서 당시 왕비였던 명성황후와 그녀의 척족(戚族, 친척)이 주요 관직을 장악하게 돼요. 젊은 고종은 이들과 통상개화파*의 주장에 따라 서구 문물을 받아들이려는 변화를 꾀해요.

기울어지는 조선을 지켜본 임금, 고종

반면에 일본은 1854년 미국에 의해 강제로 서구 문물을 받아들였어요. 이 과정에서 권력의 중심에 선 일본 왕은 정치·경제 등 모든 분야를 서구 열강처럼 바꾸려는 메이지유신을 통해 제국(帝國, 식민지의 인적·물적 자원을 수탈하는 국가)이 되고자 했어요. 타이완을 식민지로 만들었지만 성에 차지 않은 일본은 다음 목표로 조선을 선택했습니다. 첫 번째 작업으로 1874년 모리야마 시게루를 부산으로

❀ **통상개화파**
조선의 발전을 위해서는 문호를 개방하고 서구 문물을 도입해야 한다고 주장한 세력으로, 북학 사상과 실학을 이어받은 박규수의 제자가 많았다.

보내 조선과 일본의 국교를 회복하자고 요청했어요. 하지만 일본 왕을 '대일본 황상(皇上, 황제의 다른 말)'이라고 적은 수교 문서가 마음에 들지 않던 조선은 수교를 거부했어요. 그러자 일본은 무력을 사용하여 강제로라도 조선과 수교를 맺어야겠다고 결심하게 되지요.

낯선 배 한 척이 나타나다

1875년 일본은 운요호를 비롯해 군함 3척을 부산에 보냈어요. 조선 관리 현석운은 조선 영토에 무단 침입한 것을 항의하며 운요호에 물러나라고 요청했어요. 그러나 운요호는 조선의 항의에 아랑곳하지 않고 함경도 영흥만까지 해안선을 따라 올라가며 무력 시위를 벌였어요. 그럼에도 조선이 수교 협상에 나서지 않자, 운요호는 서울 입구인 강화도까지 올라왔어요. 강화도 앞 난지도에 정박한 운요호는 식수를 구한다는 명분을 내세우며 초지진에 상륙했어요. 당연히 초지진을 지키던 조선군은 일본군을 내쫓기 위해 위협 사격을 했고요. 그런데 적반하장(賊反荷杖, 잘못한 사람이 오히려 잘한 사람을 나무람)으로 운요호는 조선군이 먼저 자신들을 공격했다며 초지진과 영종진을 향해 대포를 마구 쏘았어요. 이 과정에서 조선군 35명이 전사하고 16명이 포로로 붙잡혔어요. 반면에 일본군은 2명만 가벼운 상처를 입었고요.

운요호 사건이 일어난 초지진

귀국(일본) 선박이 경계를 침범한 것은 정말로 법을 벗어난 일이다. 그리고 사납게 포격을 당했다는 표현은 남에게 허물을 뒤집어씌운 말이다. 마땅히 귀국이 법에 따라 처분하고 다스려야 한다. 우리 군사의 물품은 곧 마땅히 돌려받아야 한다. 그런데 이렇게 하지 않고 감히 조사하고 따지겠다고 말하면서 이웃 나라에 글을 보내 강화로 사람을 파견하고 장차 경성으로 향하겠다니 어찌 그리도 무엄하다는 말인가.

― 운요호 사건과 관련된《병자요록》일부

일본은 여기서 멈추지 않았어요. 조선이 개항하지 않는 한 공격을 멈추지 않겠다며, 군함 3척과 수송선 2척을 더 파견했어요. 이때 박규수 등 통상개화파는 이 기회에 일본을 통해 서구 문물을 받아들이는 것도 나쁘지 않다고 고종에게 건의했어요. 낯선 서구보다는 우리가 아는 일본을 통해 서구 문물을 도입하는 것이 안전할 수 있다고 말이에요. 이들 주장에 동의한 고종이 수교 준비를 명령하자, 조정 관료들은 청나라의 사례와 윌리엄 마틴이 번역한 《만국공법萬國公法》*을 살피기 시작했어요.

왜 강화도에서 수교를 맺었을까

조선과 일본 대표가 강화도에서 조약을 체결한 까닭은 무엇일까요? 우선 조선은 일본의 무력 시위가 왕이 있는 서울로 확대되는 것을 경계했어요. 서울과 강화도의 거리는 너무도 가까워서 반나절이면 일본군이 충분히 서울에 진입할 수 있었거든요. 만에 하나라도 일본군이 서울을 공격한다면 어떤 상황이 벌어질까요? 아마도 조선 백성 모두가 정신없이 도망치는 아비규환(阿鼻叫喚, 참담한 지경) 같은 상황이 벌어지지 않을까요? 일본군을 격퇴하더라도 젊은 고종이 짊어져야 할 정치적 부담이 매우 컸을 겁니다.

✱ 《만국공법》
미국 선교사 윌리엄 마틴이 국제법을 한문으로 번역한 서적으로, 개항하려는 동아시아 국가에 많은 영향을 미쳤다.

두 번째로 강화도에서 일본과 회담을 진행하는 것이 수교를 반대하는 관료와 백성의 반발을 줄이는 데 도움이 될 거라고 생각했어요. 여기에는 강화도의 지리적 위치도 영향을 미쳤어요. 서울에서 더 먼 장소면 좋겠지만, 일본의 요구를 무시할 수가 없는 상황에서 강화도는 그리 나쁜 선택이 아니었어요. 섬인 강화도에서 협상이 진행되면 사람들의 관심과 이목을 어느 정도 피할 수 있다고 판단했어요. 협상이 불리하면 왕의 재가(裁可, 안건을 허가받음)를 위해 서울에 다녀온다는 핑계로 시간을 벌 수도 있고요.

일본에게도 강화도는 손해 보는 협상 장소가 아니었어요. 강화도는 자신들의 힘이 얼마나 강한지 조선에 똑똑하게 보여준 장소였어요. 만약 조선이 협상에 적극적으로 나오지 않는다면 서울을 침략하겠다고 위협하기에 최적의 장소였고요. 그러나 무엇보다도 일본이 강화도를 회담 장소로 선택한 것은 조선을 너무 자극하지 않으려는 목적이 컸어요. 아직 서구화가 완전히 이루어지지 않은 일본의 국력으로는 조선과 전면전을 벌일 여력이 없었거든요. 그렇기에 조선을 너무 강하게 압박해서 회담이 결렬(決裂, 합의에 이르지 못함)되는 상황을 일본은 바라지 않았어요.

조선과 일본은 1876년 1월 17일부터 19일까지 강화부 연무장(演武場, 군사 훈련장)에서 회담을 가졌어요. 연무장에는 조선군보다 일본군이 더 많이 배치되어, 이곳이 어느 나라의 영토인지 구별되지 않을 정도였어요. 그 결과 조선은 일본 군대의 위협으로 불안한 상황에다 국제법과 국제 질서에 대한 이해 부족으로 불평등한 강화도조약을 체결하게 됩니다.

평등과는 거리가 먼 조약

강화도조약의 정식 명칭은 조일수호조규지만, 통상적으로 우리는 강화도조약이라고 불러요. 총 12개 조항으로 이루어진 강화도조약은 누가 보아도 일본의 침략 의도가 너무도 명확하게 드러나 있어요. 조약문을 자세히 살펴볼까요. 제1관에서 조선이 자주국이라고 정의한 것이 무슨 문제가 있냐고 생각할 수도 있어요. 하지만 조금만 생각을 바꾸어 보면 일본의 숨은 의도를 쉽게 찾아낼 수 있지요.

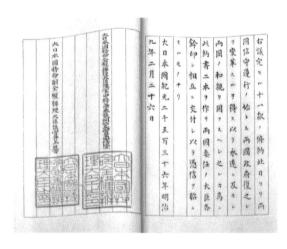

조일수호조규 문서

조일수호조규

제1관 조선국은 자주의 나라이며 일본국과 평등한 권리를 가진다.

제4관 조선 정부는 부산과 제5관에서 제시하는 두 항구를 개방하고 일본인이 자유롭게 왕래하면서 통상(通商, 나라들 사이에 서로 물품을 사고팖)할 수 있게 한다.

제5관 경기, 충청, 전라, 경상, 함경 5도 중에서 연해(沿海, 바닷가에 인접한 지역)의 통상하기 편리한 항구 두 곳을 골라 개항한다.

제7관 조선국 연해를 일본국의 항해자가 자유롭게 측량하도록 허가한다.

제10관 일본국 국민이 조선국이 지정한 각 항구에 머무르는 동안 죄를 범한 것이 조선국 국민에게 관계되는 사건일 때는 모두 일본국 관원이 심판한다.

일본은 제1관을 통해 조선이 청과의 협력 관계를 스스로 부정하게 만들었어요. 조선의 문제에 청이 개입하지 못하도록 말이죠.

제4관과 제5관은 조선이 부산 외에 항구 2곳을 일본에 개항해야 한다고 명시하고 있어요. 그런데 누가 개항지를 선택하는 걸까요?

청·일 조계지의 경계를 나누는 계단

즉 개항지를 선택하는 주체가 생략되어 있어요. 그 결과 개항지를 두고 조선과 일본은 힘겨루기를 하게 돼요. 일본은 경제적·군사적 침략에 꼭 필요한 인천과 원산을 요구했고, 조선은 강하게 거부했어요. 하지만 일본의 압력을 이겨내지는 못했어요. 결국 일본은 자신들이 원하던 부산, 인천, 원산 모두를 개항시켰어요. 그리고 이곳에 조계지租界地◆를 설정하여 조선 침략의 발판으로 삼았어요.

일본은 제7관을 이용하여 조선 연해를 측량하여 군대를 침투시

❀ **조계지**

개항장에서 외국인이 자유롭게 머물면서 치외법권을 누릴 수 있는 지역

킬 수 있는 해도(海圖, 바다의 상태를 기록한 항해용 지도)를 작성했어요. 이때 만들어진 해도는 훗날 청일전쟁과 러일전쟁 외에도 의병을 진압하는 데 활용하게 됩니다. 또한 제10관을 통해 개항장에 머무는 일본인의 범죄를 조선이 처벌하지 못하도록 했어요. 자국의 영토에서 벌어진 외국인의 범죄를 처벌하지 못하는 것을 치외법권이라고 하는데, 이것은 명백하게 주권을 침해하는 일이에요. 이를 토대로 일본은 훗날 명성황후를 시해한 일본인 48명을 히로시마로 데려간 뒤, 증거 불충분으로 석방해 버렸어요. 이 외에도 치외법권으로 일본인을 처벌할 수 없는 범죄가 수없이 일어났어요.

이처럼 강화도조약은 조선이 최초로 맺은 근대적 조약이지만, 실질적으로는 조선에 매우 불평등한 조약이에요. 이처럼 불리한 조약을 맺은 배경에는 조선이 국제법과 국제질서를 제대로 이해하지 못한 무지가 깔려 있어요. 더불어 일본을 얕잡아 본 당시 인식도 한몫했고요.

조선은 왜 미국과 수교를 맺었을까

조선이 언제부터 미국을 알게 되었을까요? 우리가 생각하는 것보다 그리 오래되지 않았어요. 조선은 미국과 수교를 맺는 1882년까지 미국을 국가로 인식하지 못했어요. 1871년 미국과 전쟁을 벌이던 신미양요 당시 영의정 김병학은 "미국은 단지 부락(部落, 작은 마을)만 있는 나라로, 화성돈(華盛頓, 조지 워싱턴)이 성城과 군대 기지를 개척했다."라고 고종에게 보고할 정도였죠. 심지어 미국의 이름도 제대로 알지 못해서 며리계彌里界, 미리견彌利堅, 화기국花旗國, 아미리가亞米利加 등 여러 이름으로 불렀어요.

반면에 미국은 일찍부터 조선에 관심이 있었어요. 1834년 에드먼드 로버츠는 일본의 개국이 조선의 개국을 앞당길 것이라는 보고서를 국무장관에게 제출했어요. 하지만 이때까지만 해도 조선과 수교를 맺고 교역하겠다는 생각을 하진 않았어요. 단지 고래를 잡는 포경선과 미국 상선(商船, 상업을 목적으로 항해하는 배)이 태풍으로 조난당했을 때 조선이 도와주기를 바랄 뿐이었죠.

하지만 시간이 흐르면서 조선과 미국 모두 서로를 바라보는 태도가 변했어요. 일본을 개항시켜 엄청난 이익을 챙긴 미국은 조선에서도 이익을 얻고자 했어요. 조선도 강화도조약 이후 러시아를 견제하기 위해 미국이 필요했어요. 특히 김홍집이 일본에 수신사修信使◆로 다녀오면서 가져온 《조선책략朝鮮策略》◆이 미국에 대한 인식을 변화시키는 데 크게 영향을 주었어요.

❈ 수신사
강화도조약 이후 일본에 파견한 사절단으로 통신사通信司를 근대적 의미로 고쳐 부른 것이다. 통신사가 조선의 발전된 문물을 일본에 전했던 것과는 달리, 수신사는 일본을 시찰하여 세계 정세와 근대 문물을 배우는 계기가 되었다.

——

❈ 《조선책략》
청나라 황준헌이 저술한 책으로 조선이 러시아의 침략을 막기 위해서는 친중국親中國, 결일본結日本, 연미국聯美國 해야 한다는 주장이 담겨 있다. 유생들은 오랑캐 같은 일본과 수교를 맺은 것도 옳지 않은데 짐승 같은 미국과 수교를 맺는 것은 더욱더 잘못된 일이라고 주장했다. 반면에 개화파는 미국과 수교할 필요성을 강조하면서 국정 방향을 두고 양측 사이에 갈등이 커졌다.

미국과 수교하는데 청나라가 왜?

조선의 문호를 열려고 한 미국의
로버트 슈펠트 제독

조선은 미국과 수교를 맺는 것이 필요하
다는 사실을 인식했지만, 아직은 두려
웠어요. 이런저런 이유로 망설이던 조선
에 미군 함대가 찾아와 수교를 요
청했어요. 미국이 군대를 앞세
워 일본의 문호를 강제로 개방
한 사실을 알고 있던 조선으로
서는 미군의 부산 방문이 반갑
지 않았어요. 두려움이 더 컸
죠. 그래서 미군 함대 제독 로버
트 슈펠트에게 미국과 수교할 수 없다는 의사를 전달했어요.

조선에 수교 요청을 거부당한 로버트 슈펠트는 청나라의 이홍장
(李鴻章, 1823~1901)*을 찾아갔어요. 조선이 청의 요구를 무시하지 못
한다는 사실을 이용하려고요. 그러나 텐진에서 이홍장을 4차례 만
나며 조선과의 수교를 추진하던 미국은 매우 당황했어요. 왜냐하면

❀ 이홍장
청나라 말기의 정치가로 1851년 홍수전이 청나라 타도를 외치며 일으켰던 태평천국운동을 진
압하며 두각을 드러냈다. 이후 그는 중국의 부국강병을 위해 외국어 학교와 병기창 설립 등을
추진하며 양무운동을 벌였다. 특히 외교 부문에서 조선을 청의 속국으로 묶어 놓으려고 내정
간섭을 주도하였다.

청이 수교 문서에 조선을 중국(청)의
속방俗方으로 기록해야 한다고 강력
하게 주장했거든요. 속방이란 독립
국 지위를 가지고 있으나 정치·
군사·경제적으로 다른 나라
의 지배를 받는 나라를 말
해요. 미국은 청의 주선이
필요했을 뿐, 조선을 청의
속방으로 만들어 줄 생각이
없었어요. 이것은 미국이 조
선을 걱정하거나 배려해서가

청의 근대화를 주도했지만 조선을
중국의 속방으로 만들려고 한 이홍장

아니었어요. 단지 청과 이익을 나눌 생각이 없었던 거예요.

조선도 미국과의 수교를 두고 열띤 논쟁을 벌였어요. 김홍집을 비
롯한 개화파는《조선책략》을 근거로 러시아를 견제하기 위해 미국과
수교를 맺어야 한다고 주장했어요. 하지만 미국과의 수교를 반대하
는 소리도 컸어요. 특히 영남 지역 유생들은 이만손을 중심으로《조
선책략》을 가져온 김홍집을 탄핵해야 한다는 상소문을 올렸어요. 이
들은 상소문에서 청나라와 친하게 지내자고 하는 것이 자칫 조선
이 다른 생각을 하고 있다는 오해를 살 수 있다고 주장했어요. 그뿐
아니라 신뢰할 수 없는 일본과, 알지도 못하는 미국하고 손을 잡는
것은 우리 스스로 위험을 초래하는 어리석은 일이라고도 했어요.

미국은 1882년 군함을 앞세워 조선을 다시 찾아왔어요. 이때에는 미국 군함 옆으로 마건충(馬建忠, 1845~1899)◆이 이끄는 청나라 군함도 같이 들어왔어요. 이들은 인천 제물포에 군함을 정박한 뒤, 조선 정부에 수교 요청을 보냈어요. 이번에는 고종이 반대 의사를 표명하지 않고, 강화도조약을 체결한 신헌과 미국과의 수교를 강력하게 주장하던 김홍집을 전권대사(全權大使, 국가를 대표하여 외교 교섭을 주관하는 관료)로 임명한 뒤 제물포로 파견했어요.

흥선대원군을 납치한 마건충

청나라는 자신들이 함께 왔기에 조선이 협상 테이블에 나왔다며 미국에 으스댔어요. 그러면서 조선과의 수교는 청의 군함에서 이루어져야 한다고 주장했어요. 수교를 중재하는 대가로 막대한 이익을 얻으려는 청의 꼼수를 모를 리 없는 미국은 단칼에 청의 요구를 거절했어요. 그러자 청은 한발 뒤로 물러났어요. 청의 참석하에

❀ 마건충

청나라 관료로 서구 문물을 받아들여야 한다는 양무운동을 전개하였다. 특히 조선에서 청의 영향력을 확대하고자 임오군란 과정에서 흥선대원군을 납치하고, 조선의 내정을 간섭하며 자주적인 근대화를 막았다.

미 군함에서 수교를 맺자고요. 여기에는 조선만큼은 자신들이 마음대로 조정할 수 있다는 자신감이 깔려 있었어요. 하지만 미국의 답변은 여전히 NO였습니다.

그 결과 조선은 주도적으로 미국과 수교 협상을 추진할 수 있게되었어요. 우선 조선은 협상 장소를 미 군함이 아닌 인천 동구에 있는 화도진으로 정했어요. 화도진은 외세의 침입을 막기 위해 1879년에 만든 군사 시설이에요. 이곳을 협상지로 선택한 것은 미국에 강한 군사력을 보여 주어 협상에서 밀리지 않겠다는 강한 의지가 담겨있어요. 이런 기조(基調, 일관되게 유지되는 경향)는 계속 이어져서 1883년 독일과의 수호통상조약도 화도진에서 체결돼요.

화도진 터.
현재는 화도진공원으로 복원되었다.

같은 조약, 다른 해석

조미수호통상조약

제1조 이후 대조선국 군주와 대미국 대통령 및 그 인민은 각각 모두 영원히 화평하고 우애 있게 지낸다. 다른 나라 때문에 어떠한 불공평이나 경멸하는 일이 있을 때에 일단 통지하면 서로 도와주며, 중간에서 잘 조처하여 두터운 우의를 보여 준다.

제4조 제4관 미국 인민이 조선에 거주하며 본분을 지키고 법을 준수할 때 조선의 지방관은 그들의 생명과 재산을 대신 보호하고 조금도 모욕하거나 손해를 입히는 일이 없도록 해야 한다. 법을 지키지 않는 무리가 미국 사람들의 집과 재산을 약탈하고 불태우려는 자가 있을 경우 지방관은 일단 영사에게 통지하고 즉시 군사를 보내 진압하며, 범죄자를 조사·체포하여 법률에 따라 엄중히 처벌한다. 조선 인민이 미국 인민을 모욕하였을 때에는 조선 관원에게 넘겨 조선 법률에 따라 처벌한다.

제5조 조선국 상인과 상선이 미국에 가 무역할 때 납부하는 선세船稅와 각 비용은 모두 미국의 해관장정海關章程에 따라 처리한다. 본국 인민 및 상대 최혜국의 세금은 정해진 액수보다 더 거둘 수 없다. 미국 상인과 상선이 조선에 와서 무역할 때

입출항하는 화물에 대해서는 모두 세금을 바쳐야 하며, 세금은 조선이 자주적으로 물린다.

제14조 현재 두 나라가 논의하여 결정하고 난 이후 대조선국 군주가 어떠한 은혜로운 정치 또는 행정상의 일과 은혜로운 법 및 이익을 다른 나라 혹은 그 상인에게 베풀 경우, 배로 항해하여 통상하거나 무역하는 등의 일을 해당국과 그 상인이 종래 누리지 않았거나 이 조약에 없는 경우를 막론하고 미국 관원과 백성이 모두 고르게 누리는 것을 승인한다. 다른 나라의 이러한 이익을 우대하는 문제와 전적으로 관련된 조항으로 상호 보답을 규정할 경우, 미국 관원과 백성도 보답과 관련해 상호 체결한 조항을 반드시 모두 지켜야 비로소 우대하는 이익을 동일하게 누리는 것을 승인한다.

화도진에서 체결한 조미수호통상조약은 14개 조항으로 이루어져 있어요. 조선과 미국이 어떻게 다른 해석을 내렸고, 어떤 부분이 불리했는지 살펴볼까요. 제1조 "다른 나라 때문에 어떠한 불공평이나 경멸하는 일이 있을 때에 일단 통지하면 서로 도와주며, 중간에서 잘 조처하여 두터운 우의를 보여 준다."라는 문구부터 서로 다르게 해석했어요. 조선은 제1조를 근거로 남하하려는 러시아를 견제하는 데 미국이 도와주리라고 생각했어요. 그러나 미국은 그럴 생각이 전혀 없었어요. 제1조의 문구는 미국이 수호통상조약을 맺을 때마다 관행적으로 사용하는 문구에 불과했거든요. 제1조는 미국이 실제로 도와주겠다는 의미가 아니었어요. 서로 도와주는 관계처럼 가깝게 지내자는 표현일 뿐이었죠. 이를 두고 영국《데일리 메일》기자이자 조선 주재 특파원인 프레더릭 매켄지는 "조미수호통상조약 제1조는 미국의 입장에선 단지 종이쪽지에 불과했다."라는 평가를 내렸어요. 실제로 제1조를 조선과 미국이 다르게 해석했다는 사실을 알기까지는 오랜 시간이 걸리지 않았어요. 1894년 청일전쟁과 1904년 러일전쟁 과정에서 조선은 미국에 도움을 요청했어요. 당연히 미국이 도와줄 것이라 믿으면서 말이죠. 하지만 미국은 조선의 요청을 묵살했어요. 오히려 주한미국대사관에 조선의 정치 문제에 개입하지 말라는 지시를 내렸죠.

제4조는 조선에서 범죄를 일으킨 미국인을 조선 정부가 처벌하지 못하도록 규정하고 있어요. 이런 규정을 우리는 치외법권이라고 부른다고 했지요? 치외법권으로 자국에서 범죄를 저지른 외국인을 처벌하지 못하는 것은 명백히 주권을 침해하는 행위에요. 한편으로는 조선의 국력이 미국보다 약했다는 사실을 보여주는 사례이기도 합니다. 물론 치외법권과 관련하여 조선의 법령이 미국의 법령 및 재판 절차와 일치하면 철폐할 수 있다고 명시하면서 강화도조약에 비해 발전한 모습을 보여 주기는 해요. 하지만 조약 내용이 조선에 불리했다는 사실에는 변함이 없어요.

1883년 미국으로 떠나기 전 보빙사들

　조미수호통상조약 중에서 가장 문제가 되는 것은 제14조 최혜국
대우 조항이에요. 최혜국대우란, 지금 체결한 내용보다 더 나은 조
건으로 다른 나라와 조약을 맺으면 자동으로 조약 내용이 변경된다
는 거예요. 예를 들어 조선이 A라는 나라에 매년 1천만 원을 주기로
조약을 맺었다고 해 봅시다. 그런데 얼마 뒤 B 국가에는 2천만 원을
주기로 조약을 체결해요. 이때 A 국가가 최혜국대우 조항을 내세워
2천만 원을 요구하면 조선은 A 국가에도 2천만 원을 줘야 해요. 이
해되시나요? 조선이 다른 국가와 불리한 조약을 맺을수록 미국은
저절로 이익을 보는 시스템이에요.

그나마 강화도조약보다 나아진 점은 제5조 관세 부과예요. 자국의 산업을 보호하는 관세를 부과했다는 점에서 예전보다 나아졌다고 볼 수 있어요. 여기에는 강화도조약으로 일본에 큰 손해를 본 경험이 밑바탕에 깔려 있어요. 조선으로서는 똑같은 잘못을 되풀이하지 않으려 노력한 거죠.

　조선은 조미수호통상조약 이후 본격적으로 서구 문물을 받아들이기 위해 미국으로 보빙사를 파견했어요. 더불어 미국 선교사들을 초청하여 조선에 없는 새로운 문물을 배우려고 노력했어요. 그 결과 의학, 법률, 우편제도 등 새로운 선진 문물과 제도가 도입되면서 조선은 변하기 시작해요.

태극기는 어떻게 탄생했을까

1882년 4월 6일, 조선이 미국과 조약을 맺는 자리에는 두 나라를 상징하는 태극기와 성조기가 나란히 걸렸어요. 이날 게양된 태극기는 역관(譯官, 통역을 맡아보는 관리) 이응준이 청의 속국임을 보여 주는 청룡기 대신 조선이 자주국임을 알리기 위해 제작한 것이었어요. 이후 청나라는 이응준이 만든 태극기가 일본 국기와 혼동된다며 청의 국기를 따라 제작하라고 압박했어요.

임오군란 이후 일본으로 파견한 수신사 일원이던 박영효는 청의 요구를 무시하고 새로운 태극기를 만들었어요. 그러고는 조선이 자주국임을 보여 주기 위해 각국 외교 사절단이 참석하는 행사장마다 태극기를 게양했어요. 이후로 조선 정부는 국기의 필요성을 인식하고, 1883년 1월 27일 박영효가 제작한 태극기를 국기로 삼는다고 발표합니다.

박영효가 제작한 최초의 태극기

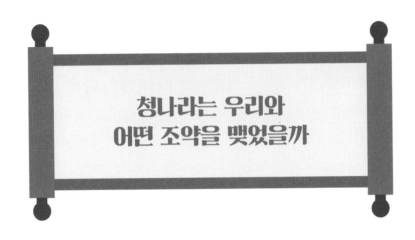

청나라는 우리와
어떤 조약을 맺었을까

구식 군인들의 열악한 삶

강화도조약 이후 조선 경제는 빠른 속도로 무너졌어요. 물론 밑바탕
에는 오랜 세월 관료들의 부정부패와 무능력한 정부, 그리고 자연재
해가 있어요. 그러나 결정타는 일본의 경제적 침략이었어요. 일본은
영국산 면직물을 조선에 수출하는 대신 조선의 곡물을 대량으로 수
입했어요. 그 결과 일본은 큰 이익을 얻는 동시에 자국의 식량문제
를 해결할 수 있었어요.

반대로 조선은 일본과 교역하면서 엄청난 적자를 기록했고 식량
이 부족해졌어요. 당시 조선 백성의 주 수입원은 힘들게 농사지어

수확한 곡물과 여성들이 밤새 베틀에 앉아 만들어 내던 베(布, 삼 껍질에서 뽑아낸 실로 만든 천)였어요. 그런데 강화도조약 이후 일본은 흉작이든 아니든 상관없이 조선의 곡물을 마구마구 사들였어요. 여기에는 양반 지주의 책임도 있어요. 일본에 곡물을 많이 팔수록 큰 이윤이 남는 만큼, 지주들은 소작농 가족이 먹을 곡물까지 일본에 넘겼어요. 또한 여성이 밤새도록 만든 베는 영국산 면직물과의 가격 경쟁에서 밀려 시장에서 팔리지 않았어요. 결국 먹고살기 어려워진 사람들은 일자리를 구하기 위해 고향을 버리고 도시로 몰려들었어요. 하지만, 특별한 기술이 없는 많은 사람은 임노동자(賃勞動者, 노동력을 제공하고 그 대가로 임금을 받는 사람)가 되어 매 끼니를 걱정하며 힘들게 살아야 했습니다.

이런 임노동자 중에는 군인도 있었어요. 적은 녹봉(祿俸, 관리에게 지급되는 돈이나 물건)을 받는 군인들은 가족의 생계를 책임지기 어려웠어요. 그래서 왕십리나 이태원 등 도시 근교에서 농사지은 작물을 시장에 내다 팔며 생계를 이어갔어요. 농사지을 땅조차 없는 경우에는 선착장이나 토목 공사장에서 임노동자로 일하며 가족을 보살폈어요. 군인으로서 나라를 지킨다는 자부심은 찾기 어려웠어요.

그런 와중에 1881년 고종은 국방력 강화를 위해 서양식 군대인 별기군을 창설했어요. 사람들은 기존 군인을 구식 군인으로, 별기군은 신식 군인이라 불렀어요. 그런데 이름만 다르게 불린 게 아니었어요. 별기군 유지에 필요한 예산을 확보하기 위해 기존 5군영을 무

별기군

위영과 장어영 2개로 통폐합해 버렸어요. 이로 인해 구식 군인은 강제로 퇴역하거나 나빠진 처우를 감내해야만 했어요. 얼마나 상황이 나빠졌냐면 구식 군인에게 13개월 치 급료가 나오지 않을 정도였어요. 반면에 별기군에는 좋은 군복과 무기가 지급되었어요. 그러니 구식 군인은 얼마나 서럽고 화가 났을까요? 하지만 이들에게 가장 큰 문제는 가족이 생활하는 데 필요한 돈을 가져다주지 못한다는 사실이었어요.

그러던 어느 날 한 달 치 밀린 급료를 줄 테니 선혜청宣惠廳* 도봉소로 오라는 연락이 왔어요. 한 달 치 급료라도 받으면 배고파하는 처자식에게 따스한 밥을 먹게 해 줄 수 있다는 생각에 구식 군인들은 부리나케 달려갔어요. 그런데 받은 주머니에는 쌀만 있는 게 아니었어요. 먹을 수 없는 겨(곡식의 껍질)와 모래가 가득 섞여 있었어

❋ 선혜청
대동법 시행으로 대동미와 대동포 출납을 맡은 관청으로, 1882년 조선 조정은 전라도 대동미가 도착하자 구식 군인에게 밀린 급료를 지급하게 하였다.

요. 나눠줄 쌀이 부족하면 적게라도 줄 것이지, 먹지도 못하는 겨와 모래를 섞은 쌀을 보자 구식 군인들에겐 참을 수 없는 분노가 치솟았어요. 그때 "선혜청 당상관 민겸호의 하인이 우리에게 줄 쌀을 빼돌렸다!"라고 외치는 소리가 들려왔어요.

들고일어난 구식 군인들

구식 군인들은 자신들의 급료가 빼돌려진 것이 사실인지 확인해 달라며 소리 질렀어요. 그러나 그들에게 돌아온 것은 포도청에 구속되는 것이었어요. 며칠 후 항의하던 동료 2명이 처형된다는 소식까지 들려왔어요. 너무도 부당한 처사에 참을 수 없었던 구식 군인은 선혜청 책임자였던 민겸호의 집을 불태워 버렸어요. 이때 왕십리를 비롯해 서울의 하층민도 군인들의 폭동에 동참했어요. 구식 군인이 받은 부당한 처사가 남의 일 같지 않았거든요. 흥선대원군은 이 틈을 이용해 자신의 심복을 군인으로 변장시켜 구식 군인들의 폭동을 지도했어요. 임오군란 과정에서 부정부패를 일삼는 민씨 척족과 개화파 관료들이 공격받아 죽었어요. 모든 일의 원흉이라 지목받던 명성황후는 충주 장호원으로 도망가 목숨을 구했어요.

선혜청 당상관 민겸호의 하인이 선혜청 창고지기가 되어 군인들에게

급료를 지급하였다. 그가 쌀에 겨를 섞어서 지급하고 남은 이익을 챙기자 많은 백성이 크게 노하여 그를 구타하였다. 민겸호가 주동자를 잡아 포도청에 가두고 그를 곧 죽일 것이라고 선언하였다.

— 황현,《매천야록》

1883년 청나라에 유폐된 시절의 흥선대원군

고종은 폭동이 걷잡을 수 없이 커지자 흥선대원군에게 사태를 수습해 달라고 부탁했어요. 이로써 다시 권력을 잡은 흥선대원군은 그동안 추진하던 정책을 모두 폐기했어요. 5군영과 삼군부 등 기존의 기구와 제도를 부활시키며 과거로 돌아가고자 했어요. 그와 함께 자신에게 권력을 빼앗은 명성황후를 찾아내 죽이려고 했어요. 하지만 끝내 행방을 찾지 못하자 명성황후가 죽었다고 발표했어요.

명성황후를 지지하는 세력들도 가만있지 않았어요. 특히 권력을 빼앗기기 싫었던 민씨 척족이 앞장서서 청나라에 원군(援軍, 전투에서 아군을 도와주는 군대)을 요청했어요. 자신의 권력을 지키기 위해 다른 나라의 군대를 끌어들여 나라를 망치는 가장 어리석은 행동을 한 거죠. 역사를 통해 외세를 끌어들인 나라의 끝이 어떤 것인지를 충분히 알면서도 말이에요.

조선에 온 청군이 제일 먼저 한 일은 흥선대원군 납치였어요. 자신이 납치당하리라고는 전혀 생각하지 못한 흥선대원군은 반항 한 번 해 보지 못하고 중국에 끌려갔어요. 이렇게 임오군란을 제압한 청나라는 명성황후와 민씨 척족을 다시 조정으로 불러들였어요. 이후 청과 조선의 관계는 보지 않아도 충분히 상상이 가시죠. 청의 도움으로 권력을 되찾은 민씨 척족은 예전보다 더욱 심한 부정부패를 저지르며 백성을 괴롭혔어요. 반면에 청나라 앞에서는 고양이 앞의 쥐처럼 연신 고개를 숙이며 충성을 맹세했습니다.

청은 이 기회에 조선을 자신들의 속국으로 삼아 여러 이권을 빼앗으려고 조청상민수륙무역장정을 체결했어요. 더불어 마건상과 독일인 묄렌도르프(Möllendorff, 1848~1901)˚를 고문으로 파견하여 조선의 내정과 외교를 간섭했어요. 반면에 일본은 별기군 교관 호리모토 레이조 소위가 임오군란 과정에서 피살당한 책임을 물으며 군함 4척과 보병 1개 대대를 조선에 파병했어요. 그리고는 한국에 거주하는 일본인과 공사관을 보호해야 한다는 명분을 내세우며 조선에 군대

✸ 묄렌도르프
이홍장의 추천으로 조선에 들어온 묄렌도르프는 통리아문(統理衙門, 구한말에 외교 사무를 맡아보던 관아) 참의와 협판을 맡아 외교와 세관 업무를 담당하였다. 1884년 갑신정변을 반대하고 러시아와 수호통상조약을 맺는 데 관여한 일로 청나라의 미움을 받아 해임되었고 중국에서 사망하였다.

를 주둔시키겠다고 통보했어요. 명성황후와 민씨 척족은 어렵게 다시 잡은 권력을 위태롭게 만들기 싫어서 일본에 배상금 지불과 군대 주둔을 허용하는 제물포조약을 맺어요. 자신들의 이익을 우선으로 삼은 파렴치한 행동이 국가를 얼마나 위태롭게 하는지는 생각조차 하지 않은 거죠.

조청상민수륙무역장정에 담긴 청의 속내

조청상민수륙무역장정에는 조선이 청의 속국이라는 표현이 너무도 명확하게 표기되어 있어요. 여기에는 대내외적으로 청나라가 조선의 주인이라는 사실을 보여 주려는 의도가 담겨 있어요. 또한 조선에서 거리낌 없이 이권을 챙겨 가겠다는 청의 의도가 포함되어 있어요. 구체적으로 살펴볼까요? 제1조를 보면 북양대신이 조선에 상무위원商務委員◆을 파견한다고 되어 있어요. 중국 황제가 아닌 북양대신이 상무위원을 파견한다는 말은 고종의 지위를 무시하는 행동이에요. 이것은 고종과 북양대신이 대등한 지위라는 사실을 받아들이라는 것

✱ 상무위원
조선에 거주하는 중국인을 보호하는 동시에 상업 활동을 북돋기 위해 파견된 관리

조청상민수륙무역장정

이번에 제정한 수륙무역장정은 중국이 속방을 우대하는 뜻이
며, 각국과 똑같이 같은 이득을 보도록 하는 데 있지 않다.

제1조 앞으로 북양대신의 신임장을 가지고 파견된 상무위원
은 개항한 조선의 항구에 머물면서 전적으로 본국의 상인을
돌본다.

제2조 중국 상인이 조선 항구에서 개별적으로 고소를 제기하
면 중국 상무위원에게 넘겨 심의·판결한다.

제4조 북경과 한성의 양화진에서 이루어지는 무역을 허락하
되 두 나라 상민의 내지채판(內地采辦, 내륙에서 토산물을 구입하
는 행위)을 금한다. 다만 내지채판을 하거나 돌아다닐 일이 있
으면 지방관의 허가서를 받아야 한다.

을 의미합니다. 즉, 조선을 하나의 독립 국가로 인정하지 않겠다는
거예요. 조선은 중국의 영토이고, 조선인 모두는 청나라 황제의 명령
을 받아야 하는 중국 백성이라는 거죠.

제2조는 청나라 사람을 조선 법률로 처벌하지 못하도록 규정하고
있어요. 치외법권을 중국 청나라도 가져간 것이지요. 이 조항으로 무
소불위(無所不爲, 어떤 일이든 할 수 있는 힘)의 힘을 갖게 된 청나라 상

인은 조선에서 당당하게 횡포를 부리며 부당한 이익을 챙겨 갔어요.

제4조에서는 청나라 상인이 서울에 진출할 수 있도록 허용했어요. 필요하면 지방관의 허락 아래 조선 영토 어디든 다니며 물건을 사고 팔 수 있도록 규정을 정해 놓았어요. 외국과의 교역이 개항장에서만 허락되던 상황에서 청나라 상인이 서울로 진출하게 된 것에 일본·독일·영국 등 여러 나라가 불만을 가졌어요. 이들 나라는 청나라가 조선을 속국으로 규정하며 독점적 이익을 챙기려는 것을 인정하고 싶지 않았어요.

일본은 1883년 조일통상장정을 체결하면서 최혜국대우를 명시하는 제42조 "현재나 앞으로 조선 정부에서 어떠한 권리와 특전 및 혜택과 우대를 다른 나라 관리와 백성에게 베풀 때는 일본국 관리와 백성도 마찬가지로 그 혜택을 모두 받는다."를 넣어 청나라와 동등한 대우를 받았어요. 영국과 독일도 '조선은 중국의 속방'이라는 문구를 들어 조약을 거부하다가 한반도 어디에서든 교역할 수 있다는 내지채판권을 얻은 뒤에야 수호통상조약을 체결했어요. 서울로 교역을 확대하며 독점적 이익을 취하려던 청나라는 다른 열강이 먼저 조선 어디에서든 교역할 수 있게 되자 서둘러 제4조의 내용을 바꿨어요. 반면에 외국과 교역할 준비가 제대로 되어 있지 않았던 조선은 경제적 침탈을 당할 수밖에 없었습니다.

일본에서조차 비판한 제물포조약

조청상민수륙무역장정으로 청나라가 조선의 내정을 간섭하자, 일본은 화가 났어요. 조선을 식민지로 만들지 못할 수도 있다는 초조감과 불안감에 휩싸인 일본은 제물포조약을 맺자고 강요했어요. 이것이 얼마나 무리한 요구였는지 당시 일본 기관지《동경일일신문》은 "공사관 습격은 조선 정부의 뜻이 아니니 사죄장만 요구하면 된

제물포조약

제1관 지금으로부터 20일 이내에 조선국은 흉도들을 잡고 우두머리를 엄히 징계한다. 일본군은 관리를 파견해 함께 조사하고 처리한다.

제2관 해를 당한 일본 관리와 하급 직원은 조선국에서 후한 예禮로 매장하여 장례를 지낸다.

제3관 조선국은 5만 원을 내어 해를 당한 일본 관리들의 유족 및 부상자에게 주도록 한다.

제5관 일본 공사관에 약간의 군인을 두어 경비하게 한다. 비용은 조선국이 부담한다.

다. 그리고 군사동원 비용 50만 원 요구는 팔을 비틀어 음식을 빼앗는 것과 같다."라며 일본 정부를 비난할 정도였어요. 한 사례를 들어 볼까요. 당시 일본인 사망자에게 부조금으로 100원을 지급하던 일본 정부가 임오군란에서 죽은 일본인 13명의 부조금으로 조선에 5만 원을 요구했어요. 1,300원이면 충분한 부조금을 5만 원이나 요구하는 일본 정부를 일본인들조차도 이해하지 못한 거예요.

국내외 비판에도 일본 정부는 아랑곳하지 않고 제물포조약을 강하게 몰아붙였어요. 조선 정부는 부당한 처사에 제대로 항의도 하지 못하고 도장을 찍어 주었고요. 당시 김홍집은 일본의 부당한 요구를 들어줘야 한다는 사실을 견디기 힘들어했어요. 마건충에게 "마지못해 조약을 강요당한 것이 부끄럽고 원통하여 죽고 싶다."라는 서신을 보낼 만큼 치욕스러워했어요. 김홍집만이 아니었어요. 많은 조선 사람이 김홍집과 같은 생각을 했어요.

그런데 더 큰 문제는 일본에 배상금으로 줄 55만 원이 조선에 없다는 것이었어요. 그래서 일본 은행에 높은 이자로 돈을 빌려 배상금을 지불했어요. 이 때문에 조선은 일본 경제에 예속당하며 경제적 자립이 어려워지게 돼요. 반면에 제물포조약 이후로 일본은 서울에 주둔하는 일본군을 동원하여 조선 정부를 수시로 위협하며 자신들의 요구를 관철하게 됩니다.

몰라보게 변한 제물포

1883년 12월에 방문한 미국 외교관 퍼시벌 로웰은《조선, 조용한 아침의 나라》에서 "제물포는 바다와 육지의 특성을 모두 갖춘, 초가 지붕이 즐비한 조그만 섬이다. 바다 쪽으로 경사진 언덕 위에 일본인 거류지와 유럽식 건물인 일본 영사관이 우뚝 솟아 있다. 크고 흰이 건물은 먼바다로 향한 하나의 이정표처럼 태곳적 황량함을 지닌 제물포의 풍광을 희석해 준다."라고 표현했어요. 이처럼 '물로 둘러싸인 고을'이란 뜻을 가진 조그마한 제물포에는 개항 직후 여러 서구식 건축물이 들어섰어요.

서구 문물이 들어오는 입구 역할을 하는 제물포는 어느 곳보다도 매우 빠르게 변해 갔어요. 1887년 방문한 미국인 샤이에 롱은 "지금 제물포는 조선의 중요 항구 가운데 하나이다. 하지만 개항 조약들이 체결되던 1882년만 해도 그곳은 인천이라는 이름으로 더 알려진 하나의 작은 마을일 뿐이었다. 그러나 10명에 불과한 유럽인들을 제치고 우후죽순처럼 몰려들고 있는 중국과 일본 상인 들은 몇 년 새 그

작은 마을의 면모를 완전히 바꿔 놓았다. 제대로 시설을 갖춘 호텔만 해도 두 개씩이나 버젓이 들어서 있는데 하나는 중국인이, 다른 하나는 다이부츠라는 일본인이 운영하고 있다."라고 기술했어요.

1890년대에는 제물포에 일본인 거류지가 만들어졌어요. 이 당시 일본인들은 제물포를 '진셴仁川'이라 부르며 조선을 개화시켰다는 우월 의식을 가졌어요. 《마이니치신문》 특파원 기자였던 사쿠라이 군노스케는 《조선시사》에서 "조선에 여행 온 사람이 이곳에만 머문다면 자신이 해외에 있다는 사실조차 잊을 정도다. 공동묘지에는 갑신정변 때 중국인과 조선인에게 참혹하게 살해당한 육군 대위 이소바야시 신조의 묘비가 있다. 지나는 사람은 누구나 향을 피우고 꽃

개항 이후 제물포의 번화한 거리 풍경

인천 차이나타운에 있는 청·일 조계지 경계 계단의 오른쪽에 있는
일본 조계지 거리의 현재 모습

을 바쳐 영혼을 위로한다."라며 청일전쟁 승리 직후 제물포 지역을

자신들의 영토로 인식하는 모습을 보이기도 했습니다.

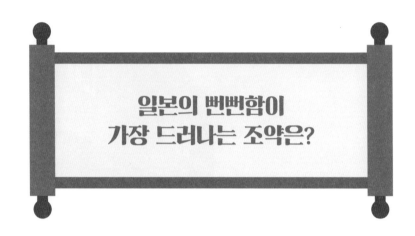

일본의 뻔뻔함이
가장 드러나는 조약은?

변화를 꾀했지만 외세에 의존하다

임오군란 이후 조선에서의 청의 영향력은 상상을 초월했어요. 위안스카이(袁世凱, 1859~1916)*와 오장경은 조선의 군권을, 진수당은 재정을, 묄렌도르프는 세관과 외교권을 장악하여 조선의 많은 이권을

❋ 위안스카이
오장경 휘하에서 군사적 재능을 인정받아 임오군란 때 조선에 파병된 그는 흥선대원군을 납치하여 톈진으로 끌고 갔다. 갑신정변에서도 고종을 개화파로부터 구출한 공로를 인정받아 총리교섭통상대신 자리에 올라 조선의 내정을 간섭하였다. 이홍장이 죽고 직례총독·북양대신이 되어 권력을 장악한 그는 1911년 신해혁명 때 황제를 퇴위시키며 청나라를 무너뜨렸다. 이후 임시 대총통 쑨원을 내쫓고 황제의 자리에 올랐지만 3개월 만에 물러나 병으로 세상을 떠났다.

빼앗아 갔어요. 이들은 여기에 그치지 않고
조선을 대놓고 무시하며 조롱했어요. 진
수당은 내외국인 모두가 보도록 숭례문에
"조선은 청나라의 속국"이라는 벽
보를 붙였어요. 이런 모욕을 당하
면서도 조선 정부는 어떤 항의
도 못 하고 묵묵히 바라만 봤
어요. 그만큼 조선은 청의 간
섭으로 무엇 하나 자주적으
로 할 수 있는 일이 없었어요.

조선의 내정을 끊임없이 간섭한
위안스카이

　김옥균을 비롯한 급진개화파*는
청의 내정간섭을 큰 위기로 여겼어요. 왜냐하면 청의 간섭으로 조선
발전에 필요한 개혁을 추진할 수가 없다고 생각했거든요. 급진개화
파가 정부의 정책을 연신 비판하자, 민씨 척족과 온건개화파*는 이
들을 관직에서 쫓아내려 했어요. 김옥균은 궁지에 몰린 상황을 해

❋ 급진개화파
일본의 메이지유신처럼 개화와 개혁이 적극적으로 이루어져야 한다고 주장하던 김옥균, 박영
효, 홍영식, 서재필 등을 일컫는다.

―――

❋ 온건개화파
청의 양무운동처럼 개화와 개혁이 천천히 이루어져야 한다고 주장하던 김홍집, 김윤식, 어윤
중 등을 일컫는다.

결하는 방법으로 일본에서 개혁에 필요한 돈을 빌려 오기로 했어요. 조선이 어려움을 겪는 자금 문제를 해결하면, 고종의 신임을 얻어 부국강병을 위한 개혁을 추진할 수 있다고 생각했어요. 하지만, 조선의 발전을 원하지 않는 일본이 차관借款을 빌려주지 않으면서 급진개화파의 입지는 더욱 좁아지게 돼요.

이후 급진개화파는 정변을 일으켜서라도 조선에 변화를 가져와야 한다고 생각하게 돼요. 급진개화파는 광주유수 박영효가 통솔하는 병력 500여 명과 함경남병사로 있는 윤웅렬이 통솔하는 병력 500여 명을 확보하며 정변을 일으킬 기회만 노렸어요. 마침 이듬해 청나라가 베트남을 두고 프랑스와 전쟁을 벌이기 위해 조선에 주둔하던 병력 3천 명 중 1500명을 차출했어요. 거사를 일으킬 절호의 기회라 여기고 준비하던 급진개화파에게 일본 공사 다케조에 신이치로가 다가왔어요. 그는 급진개화파에게 공사관 병력 150명과 300만 엔을 지원하겠다고 제의했어요. 급진개화파는 일본이 정변에 동참하는 것이 마음에 들지는 않았지만, 정변 성공이 먼저라는 생각에 제안을 받아들였어요. 단, 정변 후에 어떠한 개혁에도 일본은 참여할 수 없다고 다짐받았어요.

급진개화파는 1884년 12월 4일 홍영식이 총판(總辦, 대한제국 시대 기기국·전환국·친왕부·통신원에 둔 으뜸 관직)으로 있던 우정총국 낙성식(落成式, 건축물 공사를 마치고 기념하는 의식)날 거사를 일으켰어요. 궁궐에 화약을 터트린 급진개화파는 고종에게 청군이 쳐들어왔다고 거짓말하여 경우궁景祐宮◆으로 피신토록 했어요. 이로써 고종의 신변을 확보한 급진개화파는 민씨 척족과 군 지휘권을 가진 한규직 등 청나라에 협조하던 관료를 궁궐로 불러들여 제거했습니다.

정변이 성공했다고 생각한 급진개화파는 고종에게 정변 사실을 알리며 새로운 정부 구성을 요구하여 관철시켰어요. 다음날인 12월 5일에는 각국 외교관들에게 새로운 정부가 수립되었다고 알렸어요. 각국의 공사관들이 갑작스러운 정변 소식으로 혼란에 빠져 있을 때, 청나라는 재빠르게 명성황후와 접촉하여 정변을 제압해 주겠다고 제의했어요. 청의 제의를 받아들인 고종과 명성황후는 청의 지시대로 경우궁이 좁아 불편하다며 창덕궁으로 거처를 옮기겠다고 주장했어요. 김옥균은 자신들 병력으로는 방어하기 어려운 넓은 창덕궁으로 거처를 옮길 수 없다고 이야기하며 반대했어요. 반면에 일본 공사관 다케조에는 창덕궁으로 거처를 옮겨도 일본군이 있는 한 아무 문제가 없다며 자신만만해했어요. 결국 다케조에로 인해 반대할 명분이 사라진 급진개화파는 어쩔 수 없이 고종과 명성황후의 거처를 창덕궁으로 옮겼어요.

급진개화파는 창덕궁의 가장 안쪽을 사관생도 50명, 중앙은 일본

❀ **경우궁**

1824년 순조의 생모 수빈 박씨를 모신 사당으로 현재 종로구 계동의 현대그룹 사옥 위치에 있었다. 갑신정변 이후 고종은 이곳을 종로구 옥인동으로 옮겼고, 1908년 왕의 친어머니지만 왕비가 되지 못한 후궁 7명을 모셔 놓은 칠궁七宮에 합쳤다.

갑신정변을 일으킨 주요 인물들
(왼쪽부터 박영효, 서광범, 서재필, 김옥균)

군 150명, 외곽은 조선군 1천 명으로 방어하고 개혁 방안*을 발표했어요. 그러나 이들에게 개혁안을 실행할 기회는 주어지지 않았어요. 정변을 일으킨 지 3일째인 6일 오후 3시에 창덕궁으로 청군 1500명이 몰려왔어요. 창덕궁에 넓게 퍼져 있던 급진개화파 병력은 한 곳으로 몰려오는 청군을 막아내지 못했습니다. 더욱 기가 막힌 건 청군 따위는 상대가 되지 않는다고 큰소리치던 일본군이 제일 먼저 도망친 거예요. 결국 정변을 일으킨 김옥균과 박영효, 서재필 등은 일본으로 망명하고, 그 외 홍영식과 여러 사관생도는 고종을 끝까지 지키려다 희생되었어요.

김옥균 일파는 청이 우리나라의 자주권을 침해하는 것을 분하게 여겨

❀ **갑신정변 개혁안**
일본 기록에는 80여 개 개혁 방안을 제시했다고 하는데, 현재는 김옥균의 《갑신일록》에 수록된 14개 조항만이 전해진다.

갑신정변이 일어난 우정총국. 본래 우리나라 최초의 우편 업무 관청으로 세워졌다.

드디어 일본 공사와 협력하여 갑신정변을 일으켰고, 마침내 일본당으로 지목되었다. 정변이 실패로 끝나자 온 나라가 그들을 역적으로 몰았다. 나는 정부에 있는 몸으로 같이 성토하지 않을 수 없었으나 그와 나는 서로 속마음을 훤히 아는 처지여서, 그의 행동은 애국심에서 나온 것이지 그에게 다른 의도가 없었다는 것을 나는 안다.

— 김윤식, 《속음청사》

조선의 의견이라고는 없는 두 조약

급진개화파를 부추겨 갑신정변을 일으켰던 일본은 뻔뻔하게도 일본 공사관이 습격받았다며 조선에 책임을 물었어요. 이에 대해 고종은 일본이 갑신정변에 깊이 관여한 것도 모자라, 김옥균을 비롯한 급진 개화파를 피신시킨 이유가 무엇이냐며 항의했어요. 고종의 말을 부정할 수 없던 일본은 전함 7척에 2개 대대 병력을 서울에 보내 고종을 위협했어요. 결국 힘에 밀린 조선 정부는 김홍집을 전권대신으로 임명하여, 일본의 무리한 요구를 그대로 받아들이는 한성조약을 체결하게 돼요.

갑신정변에서 또다시 명성황후와 민씨 척족의 권력을 지켜 준 청은 앞으로 더 많은 이권을 챙길 수 있다는 생각에 기뻐했어요. 단지 걱정되는 것이 있다면 조선에 주둔하고 있는 일본 군대였어요. 그래서 일본군을 내쫓는 방법으로 공동 철수를 선택하게 돼요. 조선에 일본군이 없게 되면 자신들을 방해할 세력이 없다고 생각한 거죠.

반면에 일본은 조선에 대한 우위를 확보하지 못한 상황에서 청과의 무력 충돌은 가급적 피하고 싶었어요. 조선 조정에 친일파 관료가 적은 상황에서 무력 충돌이 벌어지면 청나라를 이길 가능성이 작다고 판단한 거죠. 그렇기에 청군과 공동 철수하여 조선에 영향력을 확대할 시간을 버는 것은 일본에 나쁜 선택지가 아니었어요.

이처럼 청과 일본은 공동 철수가 자국에게 유리하다고 생각하며

한성조약

대조선국 대군주는 돈독한 우호를 진심으로 바라며 김홍집에게 모든 권한을 위임하여 토의·처리하도록 임명하고, 지난 일을 교훈으로 삼아 훗날을 조심하도록 한다.

제1조 조선국에서는 일본에 국서를 보내 사의(謝意, 잘못을 빌다)를 표명한다.

제2조 이번에 살해당한 일본국 인민의 유가족과 부상자를 구제하며, 상인들의 화물을 훼손·약탈한 것을 보상하기 위해 조선국에서 11만 원을 지불한다.

제4조 일본 공관을 새로운 자리로 옮겨서 지으려고 하는데 조선국에서는 공관 및 영사관으로 넉넉히 쓸 수 있게 땅과 건물을 주어야 하며, 그것을 수리하고 증축하는 데 조선국에서 다시 2만 원을 지불하여 공사 비용으로 충당하게 한다.

텐진天津*에서 조약을 맺었어요. 텐진조약의 핵심은 조선에서 두 나라의 군대를 철수하되, 조선에 군대를 보낼 때는 서로에게 미리 알려야 한다는 것이었어요. 이 과정에서 조선의 의견을 물어본 적이 한번도 없었어요. 이것은 청과 일본 모두 조선을 자신들의 식민지로인식하고 있음을 보여 줍니다.

톈진조약

제1조 중국은 조선에 주둔하는 군대를 철수하고, 일본국은 조선에서 공사관을 호위하던 군대를 철수한다.

제3조 장래 조선국에 변란이나 중대한 사건이 일어나 중국과 일본 두 나라나 그중 한 나라에서 파병이 필요할 때는 우선 상대국에 공문을 보내 통지해야 하며, 사건이 진정되면 곧 철수하여 다시 주둔하지 않는다.

✽ 톈진

중국 화베이 지구에 있는 지역으로 원나라 때 무역과 상업의 중심지로 '천진'이라고 불리기도 했다. 애로호 사건을 계기로 외교사절의 베이징 상주와 기독교 공인 등을 내용으로 하는 톈진 조약이 1858년 맺어졌다. 1871년 영사 재판권을 일본과 서로 인정하는 통상조약, 1885년 조선에 주둔 중인 두 나라 군대의 철수를 약속하는 조약, 프랑스의 베트남 지배를 인정하는 조약 등 근현대사를 바꾸어 놓은 많은 조약이 이곳에서 체결되었다.

일본이 분통을
터뜨린 조약은?

조선 이권을 두고 맞붙은 청과 일본

개항 이후 밀려드는 열강들의 이권 침탈로 백성의 삶이 더욱 어려워
졌다는 사실을 앞에서 이야기했어요. 이때 관료라도 제 역할을 다
했으면 얼마나 좋았을까요. 물론 우국충정(憂國衷情, 나라를 사랑하는
마음)으로 일하는 관료도 있었어요. 하지만 부정과 비리를 일삼으
며 자신의 잇속만 챙기는 관료도 많았어요. 그런 인물 중에 고부(현
재 전라북도 정읍)군수 조병갑이 있었어요. 그는 갖은 부당한 방법으
로 세금을 부과하여 많은 이득을 취했어요. 고부 농민이 조금이라도
불만을 품으면 무서운 형벌을 내렸지요. 결국 조병갑의 횡포를 더는

견디지 못한 고부 농민들은 1894년 전봉준을 중심으로 봉기를 일으켰어요. 조선 조정은 안핵사(按覈使, 조선 후기에 지방에서 발생하는 민란을 수습하기 위하여 파견하던 임시 벼슬) 이용태를 보내 문제를 해결하려고 했지만, 오히려 농민에게 책임을 물었어요.

책임지지 않는 정부의 모습에 화가 난 농민들이 동학농민운동을 일으키자, 조선 정부는 홍계훈을 양호초토사로 임명하여 동학농민군을 진압하도록 했어요. 하지만 홍계훈의 무능력과 기강이 무너진 군대로는 농민군을 이길 수 없었어요. 농민군에게 계속 패배한 정부군은 결국 전주까지 빼앗기게 돼요. 그제라도 조선 정부가 백성의 고충을 듣고 문제를 해결하면 좋았을 텐데, 또다시 청나라에 원군을 요청했어요.

조선의 이권을 챙길 절호의 기회를 놓칠 리 없는 청나라는 곧바로 파병을 약속했어요. 동시에 텐진조약에 따라 조선에 군대를 파병한다는 사실을 일본에 알렸어요. 텐진조약을 충실히 이행한 만큼 아무 문제가 없다고 생각한 청의 예상과는 달리, 일본도 조선에 군대를 파병하겠다는 답변을 보내왔어요. 조선의 이권을 청에게 넘겨줄 생각이 눈곱만큼도 없었거든요. 얼마 후 충남 아산에 청군 2800여 명, 인천에 일본군 8천 여 명이 상륙했어요. 외국 군대가 조선에 들어오자 사태가 심상치 않음을 직감한 조선 정부와 동학농민군은 전주화약全州和約＊을 맺었어요. 그러고는 모든 문제가 다 해결되었으니 군대를 철수하라고 요구했죠. 그러나 청과 일본은 고종의 말을 귀담아

듣지 않았어요.

일본은 청나라에 조선을 공동으로 내정간섭 하자고 제의했어요. 조선에 영향력을 강하게 행사하고 있던 청나라는 일본의 제의를 받아들일 이유가 없었어요. 청이 자신들의 제의를 거절하자, 일본은 군대를 동원하여 경복궁을 무단 침입했어요. 그러고는 고종을 협박하여 친청파를 내쫓은 뒤, 흥선대원군과 김홍집을 내세운 친일 내각을 조직했어요.

조선 조정에서 청나라 세력을 제거하는 데 성공한 일본은 경기도 안산 풍도에 주둔하고 있던 청나라 함대를 박살 냈어요. 이어 천안 성환에서 맞붙은 전투에서도 일본군은 대승을 거둬요. 청나라 군대는 일본군의 상대가 되지 못했어요. 일본이 중국 영토인 랴오둥반도까지 점령하자, 청은 서둘러 전쟁을 끝내기 위해 강화조약을 맺자고 요청했어요.

조선 정부는 갑자기 강경해져 우리에게 철군을 요구해 왔다. 이는 우리 측의 모든 요구를 거부한 것으로서 이에 단호하게 대처하기 위해 오늘 조선 정부를 향해 철군 요구를 철회해야 한다는 요구를 제출하고, 회답

✹ **전주화약**
동학 농민군이 신분제 폐지와 삼정의 개혁 등을 제안한 폐정 개혁안을 조선 정부가 받아들여, 자치 기구인 집강소執綱所를 설치하는 등 여러 개혁을 추진하였다. 하지만 동학 농민군의 제2차 봉기로 파기되었다.

기한을 22일까지로 정하였다. 만일 기한이 되어도 확답을 얻지 못하면, 먼저 보병 1개 대대를 경성으로 들여보내 조선 정부를 위협하며, 그래도 우리의 뜻을 만족시키는 데 충분하지 않으면 여단을 진격시켜 왕궁을 포위해 주기 바란다.

—《일청전사》초안 중 모토노 이치로의 발언

시모노세키조약 체결에 결정적 역할을 한 이토 히로부미. 조선의 식민지화를 주도한 원흉으로 1909년 중국 하얼빈에서 안중근 의사에게 저격당해 사망한다.

전쟁에 승리하며 협상에서 우위에 선 일본은 청나라 이홍장을 시모노세키下關*로 불렀어요. 자국에서 협상해야 유리한 결과를 얻어 낼 수 있다는 것을 너무 잘 아는 일본이 의도한 계획이었어요. 특히 일본 협상 대표로 나온 이토 히로부미에게는 시모노세키에서의 협상이 매우 중요했어요. 당시 이토 히로부미는 반대파로부터 탄핵당

❇ 시모노세키

혼슈와 규슈를 연결하는 야마구치현에 있는 도시로 조선통신사가 일본 도쿄로 가기 위해 거쳐야 할 만큼 일본의 관문 역할을 했다. 이곳에 있던 조슈번長州藩은 사쓰마번과 함께 막부(幕府, 12세기에서 19세기까지 쇼군을 중심으로 한 일본의 무사 정권) 타도 운동을 벌이면서 메이지유신 이후 일본 국정에 영향을 주는 정치가를 많이 배출했다. 대표적인 인물로 이토 히로부미가 있다.

할 위기에 처해 있었거든요. 이토 히로부미는 자신을 위해서라도 고향인 시모노세키에서 좋은 결과를 얻기 위해 필사적인 노력을 기울였어요. 그 결과 일본은 메이지유신 이후 가장 큰 성과를 얻어냈다고 평가받는 시모노세키조약을 체결하게 돼요. 또한 이토 히로부미도 공로를 인정받아 일본 정계에 화려하게 복귀하게 되고요.

청이 물러가고 러시아가 개입하다

시모노세키조약

제1조 청은 조선이 완전무결한 자주독립국임을 확인한다. 따라서 독립 자주성을 훼손하는 청에 대한 조선의 공헌·전례(조공·책봉과 같이 중국 황제에게 올리는 국가 예식) 등은 폐지한다.

제2조 청은 랴오둥반도, 타이완, 평후제도를 일본에 할양한다.

제4조 청은 배상금 2억 냥을 일본에 지급한다.

전쟁에서 패배한 청은 시모노세키조약을 맺으며 조선에 어떠한 간섭도 하지 않겠다고 맹세했어요. 이것은 일본에 조선의 종주권(宗主權, 다른 나라의 내정이나 외교를 지배하는 특수한 권력)을 넘겨준다는 것을 의미해요. 하지만 일본은 여기에 만족하지 않았어요. 이 기회를 이용하여 청으로부터 랴오둥반도와 타이완까지 할양(割讓, 조약에 따라 영토 일부를 다른 나라에 넘겨주는 일)받았어요.

여기에 청으로부터 배상금으로 2억 냥을 받아 냈어요. 이 돈은 당시 일본 정부 1년 예산의 4배가 넘는 금액이었어요. 일본은 이 돈으로 금본위제(金本位制, 통화 가치를 금의 가치에 연계시키는 화폐제도)를 시행하고, 야하타 제철소를 건설하는 등 일본 산업에 투자했어요. 특히 군수산업 시설에 집중적으로 투자하면서 일본은 군사 강국으로 발전할 수 있게 돼요.

거칠 것 없는 행보를 이어 가던 일본에 러시아가 제동을 걸었어요. 얼지 않는 부동항을 갖기 위해 남쪽으로 세력을 넓히던 러시아로서는 일본의 팽창이 마음에 들지 않았어요. 청이 시모노세키조약대로 조선과 랴오둥반도를 일본에 넘겨준다면 동아시아에서 추진하던 러시아의 남하정책*이 끝나는 상황이었거든요. 혼자서는 시모노세키조약을 되돌릴 힘과 명분도 부족했던 러시아는 독일과 프랑스를 끌어들여 일본에 압력을 가했어요. 이것을 삼국간섭이라 불러요.

❀ 러시아의 남하정책
부동항을 얻기 위해 남쪽으로 영토를 넓혀 가던 러시아의 팽창정책. 17세기 북해와 발트해, 18세기 크림해 연안으로 진출하려 했으나 영국과 프랑스의 방해로 실패하였다. 이에 따라 19세기 러시아는 동아시아 지역에서 남하정책을 추진하였다.

일본은 삼국간섭에 화가 났지만, 저항할 힘이 없었어요. 결국 일본은 배상금 3천만 냥을 더 받는 대신 랴오둥반도를 포기하는 것으로 조약의 내용을 바꾸게 돼요. 러시아, 독일, 프랑스는 이를 이용하여 청에게 이권을 지켜 준 대가를 요구했어요. 그 결과 러시아는 랴오둥반도 남부, 독일은 자오저우만灣, 영국은 웨이하이웨이 주변 지역을 청으로부터 조차租借◆받게 돼요.

> 러시아 황제 폐하의 정부는 일본국이 청나라에 요구한 강화(講和, 싸움을 그치고 평화롭게 함) 조건을 살핀 바, 랴오둥반도를 일본이 차지하는 것은 청나라의 수도 베이징을 위협할 염려가 있을 뿐 아니라 조선의 독립을 유명무실하게 하여 앞으로 극동 지역의 영구적 평화에 걸림돌이 되는 것으로 사료됩니다. 따라서 러시아 정부는 일본 정부와 성실한 우의를 다지기 위하여 랴오둥반도의 영유권을 확실히 포기할 것을 권고하는 바입니다.
>
> ─《건건록蹇蹇錄》(일본 외무대신 무쓰 무네미쓰가 청일전쟁의 삼국간섭을 기술한 책)

일본은 삼국간섭으로 많은 이권을 빼앗긴 것이 너무 분했어요. 그런 가운데 조선 정부가 러시아를 끌어들여 개혁을 추진하자, 조선

❋ 조차

한 나라가 다른 나라의 영토 일부를 일정 기간 통치하는 행위. 대표적으로 영국이 홍콩을 155년 동안 조차하여 통치하였다.

아관파천이 이루어진 옛 러시아 공사관의 첨탑.
6·25전쟁으로 건물이 심하게 파괴되었으나 복원되었다.

마저 빼앗길지 모른다는 위기감에 빠졌어요. 이 문제를 해결할 가장 확실한 방법은 러시아를 꺾는 것이지만, 아직은 그럴 힘이 없었어요. 그래서 힘이 약한 조선을 위협하여 러시아와의 관계를 끊도록 만들고자 했어요. 하지만 러시아가 일본보다 우위에 있다는 사실을 아는 고종과 명성황후는 일본 뜻에 따르지 않았어요. 결국 일본은 상황을 뒤집기 위해 경복궁에 침입하여 명성황후를 잔혹하게 살해하는 을미사변을 일으키게 돼요. 명성황후를 죽이면 고종이 겁을 먹고 자신들의 말을 잘 따를 것이라 예상한 거죠. 일본의 예상은 반은 맞고 반은 틀렸어요. 고종이 겁은 먹은 건 맞지만, 러시아 공사관으로 도망갈 줄은 몰랐거든요. 이 사건을 아관파천俄館播遷이라고 합니다. 그

결과 조선에 대한 일본의 영향력은 한동안 약해져요. 반면에 러시아
는 조선에 강한 영향력을 행사하게 됩니다.

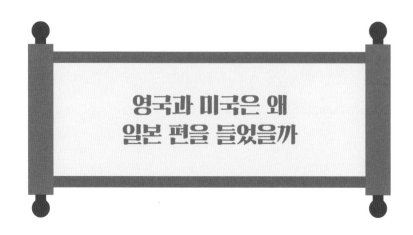

영국과 미국은 왜
일본 편을 들었을까

영국와 일본, 러시아에 맞서 손잡다

청일전쟁 이후 동북아시아는 빠르게 변했어요. 부동항을 찾아 남하하려는 러시아와 이를 막으려는 영국, 그리고 만주로 진출하려는 일본이 끊임없이 경쟁과 협력을 이어 갔어요. 여기에 동아시아에 진출하려는 미국도 끼어들었어요. 이런 상황에서 대한제국大韓帝國 ◆과 청나라는 열강의 침입을 거부할 힘이 없었어요.

❀ 대한제국

고종은 1897년 10월 12일 환구단圜丘壇에서 황제 즉위식을 하고, 국호를 대한제국으로 바꾸었다.

고종이 대한제국의 황제로 즉위한 현재의 환구단.
본래 천자(天子, 황제의 다른 말)가 하늘에 제사를 지내던 곳이었다.

　많은 열강이 중국의 이권을 챙기기 위해 경쟁하면서도, 독차지하려는 생각은 하지 않았어요. 그저 어떡하면 더 많은 이권을 챙기느냐에 관심을 둘 뿐이었죠. 반면에 중국에 비해 상대적으로 영토가 작고 자원이 빈약한 대한제국을 노리는 나라는 많지 않았어요. 그러나 부동항이 절실했던 러시아와 대륙으로 진출하려는 일본으로서 조선은 반드시 식민지로 만들어야만 하는 국가였어요.

　19세기가 청나라와 일본의 각축전(角逐戰, 서로 이기려고 다투는 싸움)이었다면, 20세기 초는 러시아와 일본의 각축전이 벌어진 시기예요. 먼저 앞서 나아간 것은 러시아였어요. 러시아는 의화단운동*이 일어나자 동청 철도*를 보호한다는 명분을 내세워 만주를 점령했어요. 한반도에서도 고종을 보호한다는 명분(아관파천)으로 조선 정부의 모든 일에 간섭했어요. 이 과정에서 압록강 유역과 용암포에 군사기지를 설치하는 등 한반도를 자국의 영토처럼 사용했어요.

주도권을 뺏긴 일본은 만주의 지배권을 러시아에 넘기겠다고 제의했어요. 그 대신 대한제국만큼은 자신들에게 달라고 요청했어요. 하지만 만주와 한반도 모두를 차지하려는 러시아는 일본의 제안을 단칼에 거절했어요. 오히려 대한제국에 주둔하고 있는 일본군을 문제 삼으며 한반도에서 내쫓고자 했어요.

일본은 협상이 뜻대로 이루어지지 않자, 러시아보다 강한 영국을 찾아가 동맹 제의를 했어요. 당시 영국은 중국에 대한 이권을 위협하는 러시아의 팽창을 막을 필요가 있었어요. 하지만 러시아와의 대결은 군사·경제적으로 큰 부담으로 작용하고 있었어요. 그런 찰나에 러시아에 공동 대응하자는 일본의 제의는 영국에게 매우 반가운

❋ **의화단운동**

청나라 말기에 산동 지방에서 의화단義和團이라는 종교 단체가 부청멸양(扶淸滅洋, 청나라를 도와 서양을 물리친다)을 내세우며 반기독교, 반제국주의 운동을 일으켰다. 이들은 베이징의 외국 공사관을 공격했으나, 8개 연합국에 패배하였다. 이를 계기로 8개 열강은 청나라로부터 많은 이권을 빼앗는 신축조약을 체결하였다.

———

❋ **동청 철도**

중국 만주에 설치된 2430킬로미터의 철도로 제2차 세계대전 후에 소련이 중국에 무상으로 넘겨주었다.

제1차 영일동맹

제1조 영·일 두 나라는 한·청 두 나라의 독립을 승인하고, 영국은 청에, 일본은 한국에 각각 특수한 이익을 갖고 있으므로, 제3국으로부터 그 이익이 침해될 때는 필요한 조치를 취한다.

제2조 영·일 두 나라 중 한 나라가 앞항의 이익을 보호하기 위해 제3국과 다시 전쟁을 시작할 때는 동맹국은 중립을 지킨다.

제3조 위의 경우에서 제3국 혹은 여러 나라가 한 나라와 전쟁을 치를 때 동맹국은 전쟁에 참여해 공동작전을 펴고, 강화 역시 서로가 합의해서 한다.

소식이었어요. 서로의 이해관계가 맞아떨어진 일본과 영국은 1902년 런던에서 제1차 영일동맹을 맺어요.

그런데 영일동맹이 왜 런던에서 체결되었을까요? 이유는 생각보다 단순해요. 도움을 주는 영국이 굳이 지구 반 바퀴를 돌아 일본까지 와서 조약을 맺을 필요가 없었거든요. 영국은 아쉬운 쪽이 찾아와서 부탁하는 게 맞다고 생각했어요. 자신들이 일본까지 찾아가서 동맹조약을 맺으면 협상의 주도권을 빼앗기는 동시에 체면이 구겨진다고 판단했거든요. 그렇다고 런던에서 동맹을 맺는 것이 일본에 손해도 아니었어요. 일본도 어떻게든 러시아의 기세를 누르기 위해서는 세계 이목이 늘 집중되는 런던에서 동맹을 맺는 게 더 효과적이라 생각했어요.

총 6개 조항으로 이루어진 영일동맹에는 일본이 러시아와 크게 전쟁을 벌이는 것도 각오하겠다는 의지가 들어가 있어요. 제1조에 나와 있는 제3국은 러시아를 가리키는 거예요. 일본과 영국은 청과 대한제국에서 자신들의 이권이 러시아로부터 침해당하면 가만있지 않겠다고 위협하고 있어요. 제3조는 영국과 일본이 전쟁 승리 후 청과 대한제국의 이권을 어떻게 나눌지 이야기하고 있어요. 이것은 영국과 일본이 자신들의 이익을 위해 얼마나 굳게 뭉쳤는지를 잘 보여줘요. 반면에 청과 대한제국이 철저하게 무시당하고 있음도 똑똑히 보여 주고 있어요.

일본, 전쟁에서 승기를 잡다

영국에게 4억 1천만 달러의 차관을 받아 전쟁 준비를 마친 일본은 1904년 2월 8일 러시아군을 공격했어요. 여순에 주둔하던 러시아 극동 함대를 공격한 일본군은 이튿날 인천에 정박해 있던 러시아 군함 2척도 격침해 버렸어요. 이로써 동아시아에 있던 러시아 함대는 모두 파괴돼요. 이제 러시아는 전쟁에 필요한 병력과 군수품을 수천

러일전쟁을 풍자한 그림. 상처투성이인 큰 곰(오른쪽)이
작은 일본인(왼쪽)을 상대하면서 맥을 못 추고 있다.
큰 곰은 러시아를 상징한다.

킬로미터의 철도를 이용해 옮겨야만 했어요. 모스크바에서 연해주까
지 운반에 한 달 넘게 걸리는 만큼, 러시아는 군수품 부족으로 제대
로 전쟁하기가 어려웠어요. 여기에 러시아 관리들의 부정부패는 전
쟁을 더욱 힘들게 했어요. 많은 물자가 엉뚱한 곳으로 새어 나가고,
힘없는 자들만 전쟁에 투입되면서 러시아군은 일본군 앞에서 맥을
못 추었어요.

그런 상황에서도 러시아 육군만큼은 일본군을 상대로 선전을 펼쳤어요. 일본군은 여순항을 함락하는 4개월 동안 사상자가 5만 2천 명 발생했어요. 그런데 이게 끝이 아니었어요. 그해 3월에 벌어진 봉천 전투에서는 일본군 7만 명이 죽거나 다쳤어요. 러시아 육군의 선전으로 전쟁이 길어지자, 일본은 막대한 전쟁 비용을 감당하지 못해 국가 재정이 파산할 위기에 처했어요. 그들이 예상했던 전쟁 비용을 훌쩍 넘어 수년간의 국가 예산에 해당하는 17억 엔에 달할 정도로 많아졌거든요. 일본 내에서도 이제는 승리가 아닌 종전(終戰, 전쟁을 끝냄)이 필요하다는 의견이 강하게 제기되었어요.

그런 가운데 세계 최강이라고 불리는 러시아 발틱 함대가 흑해 리바우항을 떠나 일본으로 출정했다는 소식이 들렸어요. 이 소식에 불안에 떨던 일본은 시간이 흐를수록 흐뭇한 미소를 지으며 여유를 부렸어요. 그 이유는 영국이 발틱 함대를 자신들의 식민지 어디에도 정박하지 못하게 막는 동시에 함대의 정보를 일본에 모두 넘겼기 때문이에요. 그 결과 아프리카 남단을 돌아 대마도까지 먼 거리를 쉬지 못하고 달려온 러시아 발틱 함대는 제대로 싸워 보지도 못한 채 대패하고 말아요. 이 승리를 기점으로 유리한 입장에 서게 된 일본은 미국에 종전 협상을 중재해 달라고 요청했어요.

미국과 영국, 일본에 힘을 실어 주다

일본이 미국에 종전 협상을 추진해 달라고 부탁한 배경에는 가쓰라-태프트 밀약이 있어요. 1905년 일본 내각총리대신이자 임시 외무대신 가쓰라 다로는 미국 시어도어 루스벨트 대통령의 특사로 도쿄를 방문한 육군장관 윌리엄 태프트를 찾아갔어요. 이 자리에서 가쓰라는 러일전쟁이 발발한 원인이 대한제국에 있다고 말하며, 앞으로 이런 참사가 되풀이되지 않으려면 대한제국의 외교권을 박탈하는 것이 가장 최선이라고 주장했어요. 태프트는 가쓰라의 의견에 적극적으로 동조했어요. 아니 한발 더 나아가 대한제국이 일본의 지배를 받아야 동아시아의 평화가 찾아올 것이라고 망언까지 했어요.

미국 대통령도 자신과 같은 생각일 것이라며 일본이 조선을, 미국이 필리핀을 지배하는 것을 인정한다는 밀약을 체결했어요. 이것을 가쓰라-태프트 밀약이라고 불러요. 여기서 밀약密約이란 남몰래 한 약속을 말해요. 일본과 미국은 대한제국과 필리핀을 이미 자신들의 식민

일본 내각총리대신이자 임시 외무대신
가쓰라 다로

미국 육군장관 윌리엄 태프트

지라고 생각한 거죠. 그렇다면 이제 일본이 미국에 종전 협상을 중재해 달라고 요구한 이유가 이해되시죠.

가쓰라-태프트 밀약의 효과는 매우 컸어요. 미국은 공공연하게 일본을 영원한 우방(友邦, 서로 우호적인 관계를 맺고 있는 나라)이라고 치켜세웠어요. 그뿐이 아니었어요. 미국의 루스벨트 대통령은 독일과 프랑스에 삼국간섭 때처럼 러시아 편을 들면 가만두지 않겠다고 경고했어요. 만에 하나라도 러일전쟁에

가쓰라-태프트 밀약

1. 일본은 필리핀에 어떠한 공격적 의도도 가지고 있지 않으며, 필리핀 문제를 전적으로 미국에 맡긴다.

2. 극동 지역의 전반적인 평화를 유지하기 위하여 영국, 미국, 일본 등 3국 정부가 서로 양해한다.

3. 미국은 러일전쟁의 결과로 일본이 한국의 외교권을 제한할 권한을 갖는데 동의한다.

제2차 영일동맹

제3조 일본국은 한국에서 정치상·군사상·경제상의 특별한 이익을 가지고 있으므로 대영제국(영국)은 일본국이 이 이익을 옹호·증진하기 위하여 정당하고 필요하다고 인정하는 지도·관리 감독·보호 조치를 한국에서 취할 권리를 승인한다.

제6조 현재의 러일전쟁에 대해서는 대영제국은 계속 엄격하게 중립을 지키고, 만약 한 국가 또는 여러 국가가 일본국과 전쟁을 벌이면 대영제국은 일본국을 도와 협동해 전투해야 한다. 강화도 역시 쌍방이 합의한 후에 한다.

개입하면 미국이 그에 맞먹는 대가를 치르게 해 주겠다고 말이에요.

얼마 후 일본은 영국과 제2차 영일동맹도 맺어요. 동맹관계를 더 강화하면서 대한제국을 식민지로 삼아도 된다는 확답을 받기 위해서요. 영국도 러시아를 상대로 잘 싸우는 일본에 대한 믿음이 한층 두터워졌어요. 일본이 러시아의 남하를 막는 동안 자신들은 중국의 이권을 단단히 챙길 수 있다고 판단한 거죠. 그래서 일본이 러시아를 확실하게 밀어붙일 수 있도록 힘을 더욱 실어 주기로 해요.

중요한 것은 제2차 영일동맹에서 일본의 요구에 따라 제1차 동맹에 명시되었던 대한제국의 독립을 보장하고 영토를 보전한다는 문구가 사라졌다는 거예요. 대신 일본이 한국에서 이익을 취할 권리가 있다는 제3조가 추가돼요. 이것은 일본이 대한제국을 식민지로 삼아도 된다고 영국이 허락했다는 것을 의미해요. 제6조에서는 한층 더 나아가 러시아 편을 드는 국가와는 전쟁도 불사하겠다며 일본을 적극적으로 지지해요. 그 결과 대한제국은 바람 앞의 등불처럼 국가의 존립이 크게 위협받게 돼요.

열강들, 일본의 지배권을 승인하다

재정위기에 부딪힌 일본은 러일전쟁을 최대한 빨리 끝내고 싶었어요. 하지만 먼저 종전을 이야기하면 패배로 인식되어 러시아와의 협상에 불리해질까 봐 미국에 중재를 요청했어요. 가쓰라-태프트 밀약으로 일본 편에 선 미국은 종전이 가장 바람직한 선택이라는 말로 러시아 설득에 나섰어요. 러시아도 발틱 함대 궤멸 이후 전쟁을 멈춰야 한다는 여론과 불안한 국내 정세로 전쟁을 계속 수행하기 어려운 상황이었어요. 그러던 차에 미국의 중재는 너무도 반가운 소식이었어요.

미국은 종전 협상을 미국 영토인 포츠머스에서 하자고 제의했어요. 일본에서 협상하면 한 수 접고 들어가는 것처럼 보일까 걱정하던 러시아는 미국의 제의를 받아들였어요. 그러나 이것은 큰 오판이

포츠머스조약을 논의하는 러시아와 일본 대표들

었어요. 미국은 포츠머스에 있는 군함 건조(建造, 건물이나 배 따위를 설계하여 만듦) 시설로 러시아의 기세를 꺾어 놓으려 했고, 이 전략은 성공적이었어요. 미국의 전쟁 개입을 의식한 러시아는 1개월간 협상한 끝에 1905년 9월 5일 15개 조로 이루어진 포츠머스조약에 서명하게 돼요.

포츠머스조약에 따라 러시아는 배상금을 지불하지 않는 대신 사할린*을 일본에 넘겨주게 돼요. 또한 만주와 대한제국에 대한 권리를 포기해요. 누가 봐도 러시아의 패배였어요. 그 결과 대한제국은 일본의 식민지로 전락하게 됩니다. 세계를 움직이는 영국, 미국, 러시아 모두가 일본의 한반도 지배에 동의했으니까요.

러시아는 굴욕스러운 포츠머스조약이 너무도 분했어요. 무엇보다

포츠머스조약

제2조 러시아는 일본이 한국에 대해 정치와 군사 및 경제적인 우월권이 있음을 승인하고, 일본 정부가 한국에서 필요하다고 인정하는 지도, 보호 및 감리 조치에 대해 방해하거나 간섭하지 않는다.

제9조 북위 50도 이남의 사할린을 일본에 할양한다.

손에 다 넣었다고 생각한 만주와 대한제국을 빼앗겼다는 사실이 제일 아쉬웠어요. 그래서 러시아는 일본에 대한 복수이자 동아시아에 다시 진출할 기회를 얻고자 고종에게 만국평화회의에서 을사늑약의 부당함을 이야기할 기회를 주겠다고 약속했어요. 고종은 기쁜 마음에 이준, 이상설, 이위종을 특사단으로 꾸려 네덜란드 헤이그에 파견했어요. 하지만 특사단이 헤이그에 도착할 무렵 러시아는 일본과 러일협약을 맺었어요. 북만주와 외몽고를 자신들이 차지하고, 일본은 남만주와 대한제국을 갖는다는 내용으로요.

❋ 사할린
1875년 사할린·지시마 교환조약으로 일본 영토에서 러시아 영토가 되었다. 그러나 1905년 포츠머스조약으로 남사할린은 일본으로, 1945년 얄타협정으로 남사할린이 소련의 영토가 되는 등 주인이 여러 번 바뀌었다. 사할린에는 일제강점기 때 강제 징용된 한국인이 다수 거주하고 있다.

1907년 네덜란드 헤이그에서 열린 제2차 만국평화회의. 만국평화회의는 러시아 황제 니콜라이 2세의 제안으로 세계 평화를 도모하기 위하여 개최된 국제회의다.

헤이그에 파견된 특사단(왼쪽부터 이준, 이상설, 이위종). 이들 중 이준 특사는 일본 측의 방해로 회의에 참석하지 못하자 분을 이기지 못하고 헤이그에서 세상을 떠나고 만다.

더는 대한제국이 필요 없어진 러시아는 특사단에게 발언권을 주지 않았어요. 하지만 특사단은 포기하지 않고 을사늑약의 부당성을 언론을 통해 세계에 알렸어요. 그러나 그 대가는 참담했어요. 특사단을 파견했다는 이유로 고종은 일본에 의해 강제 퇴위당하게 됩니다.

조약 체결의 중심지, 런던

　런던은 영국의 수도로 뉴욕·도쿄와 함께 세계 3대 도시로 손꼽힙니다. 세계의 금융, 교육, 패션 등 많은 분야에 영향을 미치는 런던London의 명칭은 약 2천 년 전 로마 주둔 시기 라틴어 론디니움Londinium에서 유래했어요. 영국의 중심지였던 런던은 로마가 물러난후 폐허가 되었어요. 그러던 중 1066년 잉글랜드 왕정이 런던을 수도로 삼으면서 다시 영국의 중심지가 됩니다.

　신항로 개척 이후 영국이 아메리카와 아프리카 등 여러 대륙에 많은 식민지를 건설하면서 런던은 세계를 움직이는 도시로 성장하게됩니다. 그러나 세계 각지에서 많은 사람이 런던에 몰려들면서 전염병과 교통 체증 등 여러 문제가 발생했어요. 이를 해결하는 과정에서 런던의 의료체계가 발달하고, 세계에서 가장 오래된 도시철도망이 완비됩니다. 이 외에도 런던은 2천 년이라는 역사를 가진 도시답게 많은 유물과 유적이 있어요. 우리가 한 번쯤은 들어봤을 런던 탑, 웨스트민스터 사원, 버킹엄 궁전, 세인트 폴 대성당, 타워 브리지, 성

마거릿 교회 등 많은 건축물이 런던을 상징하고 있습니다.

　런던이 세계 중심이었던 만큼 세계사의 흐름을 바꿔 놓는 많은 조약이 이곳에서 체결되었어요. 런던에서 체결된 여러 대표적 조약으로 1518년 오스만제국의 유럽 진출을 막기 위해 유럽 20개국의 협력을 도모한 런던조약이 있습니다. 1827년 런던조약은 오스만제국으로부터 그리스를 독립시켰고요. 1830년 런던조약에서는 벨기에가 네덜란드로부터 독립하여 영세중립국이 돼요. 1913년 런던조약은 오스만제국과 발칸동맹(세르비아, 불가리아, 그리스, 몬테네그로)의 전쟁을 종식해요.

이 외에도 많은 조약이 런던에서 체결되었는데, 그중에는 우리나라에 직접적인 영향을 미친 것도 많이 있어요. 그러나 일반적으로 조약이 열강의 이익을 우선하는 만큼 힘이 없던 우리는 이익보다는 피해받는 일이 더 많았습니다. 대표적으로 러일전쟁 과정에서 대한제국을 일본제국의 식민지로 넘겨주는 영일동맹이 있어요. 1930년에는 군함 보유를 제한하는 런던조약에 반발한 일본이 중일전쟁과 태평양전쟁을 일으켰어요. 그 결과 부족한 전쟁물자를 보충하려는 일본에 의해 우리는 물적·인적 자원을 수탈당하며 어려운 삶을 살아야 했습니다.

오늘날 런던의 모습. 가운데 런던의 상징이자
영국 국회의사당의 시계탑인 빅벤Big Ben의 모습이 보인다.

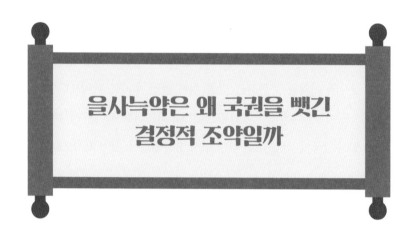

을사늑약은 왜 국권을 뺏긴
결정적 조약일까

온갖 협박과 강요로 체결된 조약

포츠머스조약 이후 일본은 본격적으로 대한제국을 식민지로 만들기 위한 작업에 들어갔어요. 그 시작이 외교권을 뺏는 을사늑약乙巳勒約[◆]이었어요. 일왕의 특사 자격으로 서울에 온 이토 히로부미는 일본에 외교권을 넘긴다는 조약에 서명하라고 고종에게 강요했어요. 지금까지 일본의 요구를 수용했던 고종이지만, 이번만큼은 절대 서명할

✽ **을사늑약**
원래 명칭은 '한일협상조약'이다. 이 외에도 을사조약, 제2차 한일협약, 을사5조약으로 불린다.

현재의 서울 정동에 있었던 손탁호텔. 지금은 터만 남아 있다.

수 없다고 버텼어요. 외교권이 넘어가면 대한제국의 국운이 끝난다
는 것을 너무 잘 알았으니까요.

고종이 완강하게 버티자 이토 히로부미는 대한제국의 대신들을
손탁호텔*로 불러 협박했어요. 하지만 이 자리에 있던 대신들 모두
서명할 수 없다는 거부 의사를 확실하게 밝혔어요. 생각대로 일이
풀리지 않자 주한일본공사 하야시 곤스케도 외부대신(外部大臣, 조선

❈ 손탁호텔
1885년 주한 러시아 공사를 따라 조선에 온 독일 여성 손탁(Sontag, 1854~1925)이 고종에게
받은 집터에 서구식 호텔을 세웠다. 구한말 이곳에서 미국을 비롯한 서구 열강의 외교관들이
정치 활동을 펼쳤으나, 1909년 손탁이 독일로 돌아가면서 이화학당 기숙사로 사용되었다.

1913년 8월 29일 자
《신한민보》에 실린
〈한일협약도韓日脅約
圖〉. 일본이 대한제국
황제를 위협해 강제
로 조약을 맺은 장면
을 묘사하고 있다.

말기에 둔 외부外部의 으뜸 벼슬. 외교에 관한 사무를 총괄했다) 박제순을
일본 공사관으로 따로 불러 회유했어요. 그러나 돌아온 대답은 거절
이었어요. 화가 난 이토 히로부미는 대한제국 대신들을 일본 공사관
으로 다시 불러 겁박했지만, 여전히 대신들은 동의할 수 없다고 버
텼어요.

결국 이토 히로부미는 최후의 수단으로 감금을 선택했어요. 1905
년 10월 17일 덕수궁 중명전으로 대신들을 소집하고는 일본군 사령
관 하세가와 요시미치에게 덕수궁을 포위하라고 명령했어요. 사령관
하세가와는 기병 800명, 포병 5천 명, 보병 2만 명이라는 엄청난 병
력으로 덕수궁을 에워쌌어요. 이것은 고종을 감금하겠다는 의미를
넘어 고종에게 위해를 가하겠다는 협박이었어요.

쥐새끼 한 마리 드나들지 못하도록 덕수궁을 포위한 것을 확인한

이토 히로부미는 고종에게 다시 만나자고 했어요. 상황이 불리해진 고종은 인후염을 핑계로 자리를 피했어요. 그러자 이토 히로부미는 회의장 안에 일본군을 배치한 뒤, 이 자리에 모인 대신 8명에게 고종이 조약에 동의했다고 거짓말했어요. 그럼에도 대신 모두가 찬성하지 않자, 한 명 한 명을 따로 불러 겁박했어요. 이 과정에서 참정대신 한규설은 고종이 정말로 동의했는지 확인하겠다며 나갔다가 밤늦도록 돌아오지 않았어요.

회의실에 남은 대신들은 한규설이 일본군에게 죽었다고 생각하며, 다음 차례가 자기가 아닐까 두려워했어요. 한동안 지속되던 무거운 정적을 깬 것은 학부대신 이완용이었어요. 그가 을사늑약에 찬성하겠다고 말하자, 기다렸다는 듯이 내부대신 이지용, 군부대신 이근택, 농상공부대신 권중현, 외부대신 박제순이 찬성표를 던졌어요. 이후 사람들은 이들 5명을 나라를 팔아먹은 을사오적乙巳五賊*이라 불렀

✵ 을사늑약 이후 을사오적의 삶

이완용(李完用, 1858~1926): 내각총리대신에 임명되어 한일협약과 한일병합조약을 주도하였다. 일제강점기 백작에서 후작으로 신분이 높아지며 많은 재물로 호의호식하다가 1926년 이재명 의사의 칼에 맞은 후유증으로 죽었다.

이지용(李址鎔, 1870~1928): 을사늑약 이후 일본 정부로부터 욱일동화대수장을 받고, 국권피탈 후에는 백작 작위와 많은 재물을 받았다. 1912년 도박죄로 태형 100대를 선고받고 중추원 고문에서 해임되었으나, 일제에 많은 기부금을 납부하여 백작 지위를 회복하였다. 중추원 고문, 조선귀족회 이사로 활동하다가 1928년 죽었다. 이지용은 자신을 병자호란 당시 항복을 주장하여 조선을 살린 최명길에게 비유하며 을사늑약 서명이 나라를 위한 충정이었다는 궤변을 늘어놓았다.

을사늑약 조약문

어요.

　이토 히로부미는 다수결로 조약안이 가결되었다고 선포하고는, 외부대신의 직인을 빼앗아 조약문에 찍어 버렸어요. 무려 14시간 동안 감금·협박하여 얻어낸 역사적 비극이 일어난 순간이었어요.

박제순(朴齊純, 1858~1916): 1910년 총리대신 서리로 경찰권을 일본에 이양하는 각서에 서명하고, 한일병합조약 체결 과정에서 내부대신으로 참석하여 가결하였다. 공로를 인정받아 자작 작위와 중추원 고문으로 임명되어 친일 행각을 벌이다 1916년 죽었다.

권중현(權重顯, 1854~1934): 국권피탈 이후 자작 작위와 재물을 받았다. 1934년 80세로 죽을 때까지 조선사편찬위원회, 친일 단체인 동민회 회원으로 활동하며 친일 행각을 이어 나갔다.

이근택(李根澤, 1865~1919): 독립운동가의 공격을 받기도 했지만, 자작 작위와 중추원 고문으로 편안한 삶을 살다가 1919년 죽었다.

포기하지 않은 우리 선조들

을사늑약

제1조 일본국 정부는 도쿄에 있는 외무성을 경유하여 지금부터 한국과 외국의 관계 및 사무를 감리·지휘하며, 일본국의 외교 대표자 및 영사는 외국에 머무는 한국의 백성 및 이익을 보호한다.

제2조 일본국 정부는 한국과 다른 나라 사이에 맺은 조약을 이행할 임무가 있으며, 한국 정부는 지금부터 일본국 정부의 중개를 거치지 않고는 국제적 성격을 띤 어떤 조약이나 약속도 하지 않기로 서로 약속한다.

제3조 일본국 정부는 그 대표자로 하여금 한국 황제 폐하의 밑으로 통감을 1명 두게 하며, 통감은 오로지 외교에 관한 사항을 관리하기 위하여 경성(서울)에 주재하고 한국 황제 폐하를 친히 내알(內謁, 단독으로 만나다)할 권리를 가진다.

일본은 을사늑약을 체결하고는 영국과 미국 등 세계 각국에 대한제국의 외교권이 일본에 있다고 알렸어요. 이미 일본의 대한제국 지배를 인정하고 있던 열강들은 곧바로 주한 공사관을 폐쇄했어요. 대한제국에서 어떤 일을 저질러도 뭐라고 할 국가가 없어진 일본은 본격적으로 식민지로 만들기 위해 통감부統監府*와 이사청理事廳*을 설치했어요. 이 과정에서 초대 통감 이토 히로부미는 식민 지배를 거부하는 한국인을 죽여도 된다는 명령을 내렸어요. 더불어 중앙과 지방 관료에게도 대한제국을 식민지로 만드는 작업에 적극적으로 동참하라고 강요했어요.

일본의 강압에 분노한 고종은 조미수호통상조약 제1조에서 서로 도와준다는 문구를 떠올리며 미국에 도움을 요청했어요. 파리 주재 민영찬 공사에게는 을사늑약의 무효를 알릴 수 있도록 미국과 회담 날짜를 잡으라고 명령했어요. 고종의 이런 행동은 일본과 미국이 같은 편이라는 사실을 알지 못해서였을까요? 아니면 알면서도 1퍼센트의 희망을 품고 노력하는 모습이었을까요. 여하튼 고종은 포기하지 않고, 러시아의 제의에 따라 네덜란드 헤이그에서 열리는 만국 평화회의에 특사단을 보냈어요. 하지만 이 일로 고종은 강제 퇴위당하고, 순종이 황제로 강제 즉위하게 돼요.

❋ **통감부**
1906년부터 1910년 국권을 빼앗길 때까지 일본이 서울에 설치하여 침략정책을 시행하게 했던 불법 관청이다. 사법권과 관리 임명권을 가지고 있었으며, 군대를 해산하고 경찰권을 빼앗아 대한제국을 식민지로 만드는 일을 하였다.

———

❋ **이사청**
일제가 지방에 설치한 통감부의 지방 기구로 이사청 13곳과 이사지청 11곳이 있었다.

1905년 11월 20일 《황성신문》의 논설로 발표된 〈시일야방성대곡〉.
'시일야방성대곡'이란 '이날에 목놓아 우노라'라는 뜻이다.

을사늑약을 막으려는 노력은 고종만 하지 않았어요. 시종무관장 (侍從武官長, 황제를 호위하는 참모관) 민영환과 영국에 주재 중이던 이한응 공사 등 뜻있는 관료들이 책임을 지겠다며 자결했어요.《황성신문》주필 장지연은 〈시일야방성대곡〉을 통해 을사늑약의 부당함을 알리며 민족의 공분을 끌어냈어요. 신돌석, 유인석, 민종식 등 의병장이 이끄는 의병은 우리 땅에서 일본군을 내쫓기 위해 목숨 걸고 싸웠고요.

을사늑약은 왜 처음부터 무효일까

을사늑약은 체결 당시부터 국제사회에 효력 없는 조약으로 인식되었어요. 그렇다면 을사늑약이 무효라고 주장할 수 있는 근거는 무엇일까요? 가장 큰 이유로는 일본이 군대를 동원하여 온갖 불법적인 방법으로 강제 체결한 데 있어요. 1899년 8월 14일에 반포된 대한제국의 근대적 헌법인 대한국 국제 제9조에 따르면 대한제국에서는 조약을 체결하는 권한이 고종에게만 있어요. 그래서 고종이 아닌 외부대신의 직인만 찍힌 을사늑약은 효력이 발생할 수가 없어요. 또한 외부대신 박제순과 일본 특명전권공사(特命全權公使, 국가를 대표하여 파견된 외교 사절) 하야시는 조약에 관련된 권한을 위임받았다는

을사늑약의 대한제국 측 전권위임장. 관례와는 다르게 순종의 이름[坧]이 서명에 들어갔지만(왼쪽 위) 이는 순종의 친필이 아니다.

전권위임장을 교환하지 않고 조약문에 서명했어요. 이것은 두 사람에게 조약을 맺을 권한이 없었다는 것을 의미합니다.

조금 어렵죠. 간단하게 정리해 볼까요. 을사늑약이 효력을 가지려면 고종이 직접 도장을 찍거나, 박제순이 고종으로부터 조약을 맺을 권한을 부여받아야 한다는 거예요. 그런데 을사늑약은 이 두 가지 모두를 충족하지 못한다는 거죠. 이 외에도 을사늑약의 경우 비준서批准書*가 없고, 협정문 한 장만 있을 뿐이에요. 조약 체결권자에게 조약을 승인하는 문서인 비준서가 없다는 것은 대한제국이 을사늑약을 인정한 적이 없음을 의미해요.

대한국 국제의 내용을 한번 자세히 살펴볼까요. 제1조는 대한제국이 국제법상 자주독립 국가라는 사실을 뜻합니다. 제2~3조는 대한제국의 정치제도가 전제정치(임금에게 모든 권력이 주어진 정치)이며, 황제의 권력(황제권)이 절대적이라는 사실을 말해 줍니다. 제4조는 황제권을 침해하는 어떤 행위도 용납하지 않겠다는 의지를, 제5~9조는 대한제국 황제에게 군 통수권, 입법권, 사면권, 내각 조직의 편성 및 관리 임명권, 외교권 등이 있다는 사실을 보여 줍니다.

세계 여러 나라에서도 을사늑약을 무효라고 주장했어요. 1906년 프랑스 법학자 프랑시스 레이는 논문을 통해 협박과 위협으로 맺

❀ 비준서
전권위원이 체결·서명한 조약을 조약 체결권자(우리나라는 대통령)가 최종적으로 동의한 문서

대한국 국제

제1조 대한국은 세계 만국에 공인된 바 자주독립한 제국이니라.

제2조 대한제국의 정치는 과거 500년간 전해 내려왔고, 앞으로 만세토록 불변할 전제정치이니라.

제3조 대한국 대황제께서는 무한한 권력을 누리시니 공법에서 말한 바 국가의 통치 형태를 스스로 세우는 것이니라.

제4조 대한국 백성이 대황제가 누리시는 권력을 침해한다면 이미 하고 안 하고를 막론하고 백성의 도리를 잃은 자로 인정할지라.

제5조 대한국 대황제께서는 국내의 육해군을 통솔하고 편제를 정하시고 계엄과 그 해제를 명하시니라.

제6조 대한국 대황제께서는 법률을 제정하시어 그 반포와 집행을 명하시고 만국의 공통적인 법률을 본받아 국내의 법률도 개정하시고, 대사大赦·특사特赦·감형減刑·복권復權을 명하시니, 공법에서 말한 바 율례를 스스로 정하시니라.

제7조 대한국 대황제께서는 행정 각부各府와 각부各部의 관제와 문무관(文武官, 문관과 무관)의 봉급을 제정 혹은 개정하시고 행정상 필요한 각 항목의 칙령을 발표하시니, 공법에서 말한 바 치리(治理, 나라나 지역을 도맡아 다스림)를 스스로 행하시니라.

제8조 대한국 대황제께서는 문무관의 출척黜陟·임면任免을 행하시고 작위·훈장 및 기타 영전을 수여 혹은 박탈하시니, 공법에서 말한 바 관리를 스스로 선발함이니라.

제9조 대한국 대황제께서는 각 조약국에 사신을 파견·주재하게 하시고 선전포고, 강화講和 및 제반의 조약을 체결하시니, 공법에서 말한 바 사신을 스스로 파견함이라.

어진 을사늑약은 무효라고 주장했어요. 1935년 하버드대 법과대학은 강박(強迫, 자기 뜻에 억지로 따르게 함)에 의한 조약은 무효라는 사실을 가르치는 과정에서 을사늑약을 대표적 사례로 제시했어요. 무엇보다도 유엔 국제법위원회에서 을사늑약이 강박에 의해 체결되어 무효라고 선언했어요.

을사늑약이 무효라는 사실은 지금의 우리에게도 매우 중요해요. 왜냐하면 일본이 을사늑약을 내세워 맺은 조약이 아직도 우리에게 좋지 않은 영향을 미치고 있거든요. 가장 대표적으로 아무 권한이 없는 일본이 우리 영토인 간도를 중국에 넘긴 간도협약이 있겠네요.

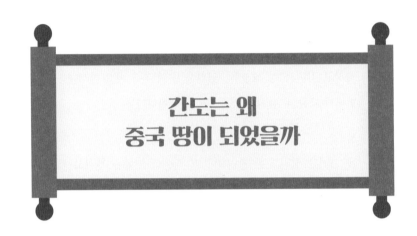

간도는 왜
중국 땅이 되었을까

독도 말고 우리 땅이 또 있다고?

세계 곳곳에는 소유권을 두고 분쟁이 일어나는 지역이 많아요. 우리 나라도 예외는 아니어서 대표적인 지역으로 독도가 있어요. 이 외에 도 간도와 녹둔도鹿屯島⁺가 있어요. 그렇다면 중국과 영토 분쟁을

⁕ **녹둔도**

세종 때 4군 6진을 개척하는 과정에서 함경도 경흥부에 소속된 섬으로, 이순신 장군이 여진 족과 전투를 벌이며 지켜 냈던 우리의 영토였다. 1860년 베이징조약으로 연해주가 러시아 영 토로 편입될 때, 두만강의 퇴적작용으로 연해주에 붙어 버린 녹둔도가 러시아 영토가 되어 버 렸다. 고종은 이 상황을 러시아에 설명하며 녹둔도 반환을 요구했고, 1989년에도 북한이 소련 에 반환 요청을 했지만 돌려받지 못했다.

해야만 하는 간도는 어디일까요? 간도는 크게 압록강과 쑹화강 사이의 서간도와 두만강과 쑹화강 사이의 북간도로 나뉘어 있어요. 그러나 일반적으로 우리가 간도라고 일컫는 지역은 북간도北間島예요.

그럼 언제부터 간도가 우리의 영토였을까요? 간도는 고조선 시대부터 우리 영토였어요. 그러나 발해가 멸망하면서 간도는 여진족 등 북방 민족의 땅이 돼요. 조선 시대에는 이곳에 살던 여진족이 청을 건국하고 중국 본토로 넘어가면서 간도에 아무도 출입하지 못하게 막았어요. 이때부터 조선과 청나라 사이에 아무도 살지 않는 섬 같은 지역이라는 뜻으로 간도間島라 부르기 시작했어요.

청의 국력이 약해지는 19세기부터 많은 한국인이 농경지를 찾아 간도로 넘어갔어요. 간도에서 한국인 마을을 찾는 일은 어렵지 않았어요. 그런데 이 무렵 중국인도 간도로 이주하면서 한국인과 마찰을 일으켰어요. 이것은 개인 간의 갈등을 넘어 조선과 청 사이의 영토 분쟁으로 확대돼요.

간도가 우리 땅이라는 증거

간도가 누구의 영토인지에 대한 답은 백두산정계비에 나와 있어요. 1712년(숙종 38년) 조선과의 국경선을 확정하기 위해 청나라 오랄 총관 목극동이 찾아왔어요. 조선도 이 기회에 국경선을 확실하게 정

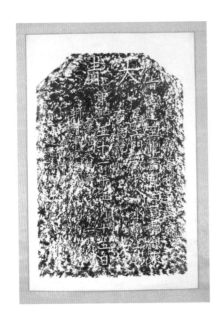

리하기 위해 접반사(接伴使, 외국 사신을 접대하는 관리) 박권과 이선부를 파견했어요. 이들은 백두산 일대를 답사한 후 압록강과 토문강을 경계로 국경이 나뉜다고 기록한 백두산정계비를 세웠어요. 그런데 여기서 문제가 되는 것이 토문강이에요. 청나라는 토문강을 두만강이라고 주장하며 중국 영토인 간도에서 조선인이 살 권리가 없다고 주장했어요. 이에 대해 조선은 백두산정계비 옆으로 지하에 흐르는 토문강을 표시하기 위해 돌을 쌓아 만든 돈대(墩臺)를 근거로 토문강은 쑹화강의 한 지류(支流, 강 원줄기에서 갈려 나온 물줄기)라며 간도가 조선의 영토라고 맞섰어요.

　백두산정계비와 돈대가 토문강이 쑹화강 지류임을 명백히 표시하고 있음에도 청은 주장을 굽히지 않았어요. 오히려 임오군란 이후 내정간섭을 하게 된 청은 조선인의 간도 유입을 막았어요. 심지어 1년 뒤에는 간도에 사는 조선인 모두 나가라며 억지를 부렸어요. 조선은 청의 요구에 감정적으로 대응하지 않고 차분하게 간도가 우리 영토라는 확실한 증거를 수집했어요. 서북경략사(西北經略使, 서도와 북도, 즉 평안도와 함경도 일대를 관장하는 직책) 어윤중에게 간도 일대를 답사하도록 명령을 내리고, 백두산에는 김우식을 파견하여 정계비 탁본을 떠오게 했어요. 간도가 우리 영토라는 확실한 증거가 확보되자, 고종은 청에게 공동 조사를 통해 국경을 확정 짓자고 요구했어요. 하지만 청은 공동 조사 요구에 응하지 않은 채, 조선인 철수만 거듭 주장했어요.

1894년 청나라가 청일전쟁에서 패배하며 힘을 잃자, 조선은 이때가 간도를 확실한 우리 영토로 만들 좋은 기회라 여겼어요. 우선 두 차례 답사로 간도가 우리 영토임을 다시 확인하고는 청과 러시아에 국경선을 확실하게 매듭짓자고 요청했어요. 하지만, 청과 러시아는 힘없는 조선의 요구를 묵살했어요. 실제로 지역을 관리하는 것만이 간도를 지킬 수 있다고 판단한 고종은 1903년 간도관리사로 이범윤을 임명했어요. 이로써 간도에 살던 27,400여 호戶에 살던 한국인 10만여 명은 안전한 생활을 할 수 있게 되었어요.

마음대로 간도를 넘겨준 일본

을사늑약으로 외교권을 빼앗은 일본은 토문강이 쑹화강의 지류라는 〈한청 국경 문제의 연혁〉이라는 문서를 발간했어요. 1907년에는 간도에 파출소를 설치하며 직접 통치에 나섰어요. 이뿐이 아니었어요. 간도에 사는 한국인에게 더는 청나라에 세금을 납부하지 말라고 했어요.

> 청나라 정부와 현재의 시정에 대해 다투지 말고 가급적 회유하는 방침을 지킨다. 이에 따라 임기응변(臨機應變, 그때그때 처한 사태에 맞추어 즉각 그 자리에서 결정하거나 처리함)으로 일본의 지위를 높이는 방침을 취하고, 간도는 한국의 영토임을 전제로 삼아 일에 임한다.
> ― 간도 파출소 운용 방침

간도가 대한제국의 영토라고 강력하게 주장하던 일본의 태도는 오래가지 않았어요. 일본은 1909년 9월 7일 간도협약을 통해 간도를 청나라에 넘겨 버려요. 그 대가로 만주 5안건 협약을 맺고 무순·연대 탄광 채굴권, 안봉선安奉線◆ 등 여러 이권을 챙겼어요. 사실 이것은 표면적인 이유에 불과했어요. 일본이 간도를 청나라에 넘긴 가

❋ **안봉선**
안둥(단둥)에서 봉천(선양)까지 연결하는 303킬로미터의 철도다. 훗날 일본은 중국을 침략하는 데 필요한 병력과 군수물자를 이 철도로 수송했다.

장 큰 이유는 서구 열강이 만주에 관심 가질까 두려웠기 때문이에요. 작은 것을 탐하다가 큰 것을 잃는다는 소탐대실小貪大失이라는 사자성어가 있어요. 일본은 과거 욕심을 부리다 삼국간섭으로 많은 이권을 잃어버린 잘못을 되풀이하고 싶지 않았어요. 그래서 간도를 청나라에 넘겨준 거예요. 또한 이 결정에는 자신들이 언제든지 만주를 차지할 수 있다는 자신감이 깔려 있어요.

간도협약

제1조 청·일 양국 정부는 토문강(두만강)을 양국 국경으로 하고 정계비를 기점으로 석을수를 양국의 경계로 한다.

제3조 청나라 정부는 종래와 같이 토문강 북쪽의 개간지에 조선인이 거주하는 것을 승인한다.

제4조 토문강 북쪽 잡거 구역 내 거주하는 조선인은 청나라 정부의 법률에 따라 재판받는다. 일본 영사관 또는 이로부터 권한을 위임받은 관리는 자유로이 법정에 입회할 수 있고, 공정한 재판을 위해 청나라 정부에 재심을 청구할 수 있다.

제5조 토문강 북쪽 잡거 구역 내 조선인이 소유한 토지 및 가옥은 청나라 정부로부터 청나라 인민의 재산과 동일하게 완전히 보호받는다.

그럼 간도협약을 살펴볼까요? 제1조에서 두만강의 한 지류인 석을수를 기점으로 조선과 청의 국경을 나눈다고 정의하고 있어요. 그결과 증거를 제시하며 토문강이 쑹화강의 한 지류라고 주장하던 대한제국의 노력이 물거품 되고 말았어요. 또한 제3~5조의 내용이 지켜지지 않으면서 간도에 살던 한국인은 힘든 삶을 살아야 했어요. 분명 조약에는 간도에 사는 한국인을 중국인과 차별하지 않고 동등하게 대우하겠다고 했지만, 현실은 달랐어요. 청은 귀화하지 않는 한국인에게는 새로운 토지 취득을 허가하지 않았어요. 또한 여러 구실을 내세워 한국인의 자유를 억압했어요. 일본도 실질적인 지배권을 행사하면서 간도에 사는 한국인은 청과 일본의 이중 간섭으로 고통을 받아야 했어요.

간도협약이 무효인 이유

간도협약이 불법인 이유는 을사늑약이 무효라는 점에 있어요. 을사늑약이 강압적으로 맺어져 효력이 없는 만큼 일본은 대한제국을 대신하여 청과 교섭할 권리가 없어요. 1965년 한일기본조약 제2조 "1910년 8월 22일 이전에 대한제국과 대일본제국 간에 체결된 모든 조약 및 협정이 이미 무효임을 확인한다."를 통해서도 간도협약은 무효가 되었음을 확인할 수 있어요.

또한 태평양전쟁에서 패배한 일본이 무조건 항복하면서 과거 일본이 강제적으로 맺은 조약은 모두 무효라는 데 동의했어요. 그 결과 간도를 중국에 넘기는 대가로 만주의 이권을 받아 낸 만주 5안건 협약이 무효 처리되었어요. 그런데 지금까지 간도협약만 효력이 유지되는 사실은 형평성에 맞지 않아요. 이제라도 간도협약은 무효가 되어야 하지 않을까요.

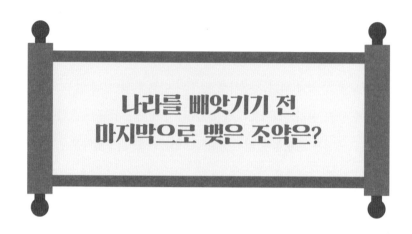

나라를 빼앗기기 전 마지막으로 맺은 조약은?

대한제국의 마지막 희망을 앗아 가다

우리는 앞에서 고종이 을사늑약이 무효라는 사실을 알리기 위해 네덜란드 헤이그로 특사를 파견한 일로 강제 퇴위당한 것을 이야기했어요. 사실 헤이그 특사 파견이 대한제국을 식민지로 만들려는 일본의 행보를 크게 방해한 것은 아니에요. 오히려 대한제국을 식민지로 만드는 데 방해가 되는 고종을 내쫓는 좋은 구실이 되었어요.

1907년 이토 히로부미의 사주를 받은 이완용과 일진회—進會◆의 송병준은 어전회의에서 고종에게 양위(讓位, 임금의 자리를 물려줌)를 요구했어요. 고종은 크게 분노했지만, 아무 소용없었어요. 일본은 짜 놓은 각본에 맞춰 순종에게 황위를 물려주는 양위식을 진행했어요. 고종과 순종이 양위식장에 참석하지 않자, 일본과 친일파들은 사람들의 눈을 속이기 위해 환관 2명을 고종과 순종의 대역으로 세워 양위식을 진행했어요.

조선의 마지막 임금, 순종

황제로 즉위한 순종은 몸이 약해 국정을 제대로 돌보지 못했어요. 무엇보다도 조정에는 나라를 위해 일할 충신이 거의 남아 있지 않았어요. 반면에 일본은 눈엣가시였던 고종이 없어지자, 대한제국을 식민지로 만드는 작업을 본격적으로 시작했어요. 우선 정미7조약이라 불리는 한일신협약을 맺어 법령 제정권·관리 임명권·행정권 등을 빼앗았어요. 또한 일본인을 차관次官으로 임명하여 대한제국을 직접 다스렸어요. 이제 대한제국은 외교권과 행정권이 없는 유명무실한 상태로 망한 것과 다름없는 상태가 됐어요. 이후 협

❀ 일진회
1904년 러일전쟁에서 통역으로 귀국한 송병준이 조직한 친일 단체. 이용구가 설립한 진보회를 흡수하여 세력을 키운 일진회는 을사늑약과 고종 양위, 한일병합에 적극적으로 참여하며 대한제국의 멸망을 촉진했다. 이후 일본에 쓸모가 없어진 일진회는 한일병합이 이루어진 1910년 해체되었다.

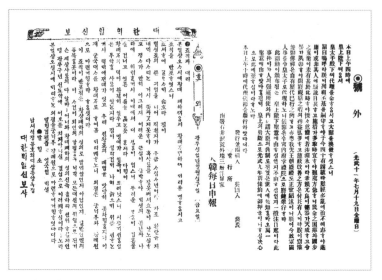

고종의 양위를 발표한 1907년 7월 19일 자 《대한매일신보》 호외(號外, 특별한 일이 있을 때 임시로 발행하는 신문이나 잡지)

약문과 별도로 각서를 체결하여 대한제국의 군대를 해산시켰어요.

한일신협약도 을사늑약처럼 합법적 절차를 밟지 않았어요. 이완용은 어전회의를 거치지 않고 순종에게 한일신협약을 재가받은 다음 이토 히로부미에게 문서를 제출하는 것으로 협약 체결을 마무리했어요.

한일신협약이 체결되는 날 일본은 언론과 출판의 자유를 박탈하는 신문지법을 발표했어요. 3일 뒤에는 집회와 결사의 자유를 막는 보안법도 제정하여 한국인의 반발을 원천 봉쇄했어요. 이제 대한제국은 어떤 일도 스스로 결정하고 실행할 수 없는 허수아비 나라로

한일신협약

제2조 한국 정부의 법령 제정 및 중요한 행정상의 처분은 미리 통감의 승인을 거친다.

제3조 한국의 사법 사무는 일반 행정 사무와 구별한다.

제5조 한국 정부는 통감이 추천한 일본인을 한국의 관리로 임명한다.

전락해 버렸어요. 그와 동시에 일본은 러일협약◆을 추진하여 대한제국을 일본 식민지로 인정한다는 확답을 러시아로부터 받게 돼요. 이제 세계 어디에도 대한제국을 도와줄 나라는 없게 된 거예요.

끝내 일본에 나라를 빼앗기다

일본은 대한제국의 요청으로 병합하는 모습을 세계에 보이고 싶었어요. 그래서 한국인이 병합을 원하고 있다는 모습을 연출하고자 일

❋ **러일협약**

러일전쟁 이후 일본과 러시아가 4차례에 걸쳐 맺은 협약으로 한국, 만주, 몽골, 중국 서부를 나눠 갖기로 약속하였다. 이 과정에서 러시아는 한반도를 일본 식민지로 인정하였다.

1907년 일본 제국주의에 맞서 무장한 의병들

진회를 이용했어요. 먼저 일본과 병합하길 원하는 한국인이 많다는
사실을 보여 주고자 일진회에 무기를 주며 의병과 싸우게 했어요.
그러고는 100만 회원의 이름으로 〈정합방(政合邦, 일본과의 병합) 상소
문〉을 제출하게 했어요. 다른 한편에서는 한일병합에 반대하는 인물
을 체포·구금하기 위한 기유각서己酉覺書◆를 체결하는 동시에 남한

❀ 기유각서

총리대신 이완용과 제2대 통감 소네 아라스케가 1909년 교환한 한일신협약의 부대 각서. 대
한제국 재판소가 폐지되는 등 사법권이 통감부로 이관(移管, 관할을 옮김)되었다. 그 결과 일제
의 침탈에 저항하는 의병과 애국지사들의 항일 투쟁이 위축되었다.

❀ 남한대토벌작전

1909년 9월부터 2개월간 충청·경상·전라도 지역 의병을 토벌한 작전으로 2개 연대와 해군
함정 4척이 동원되었다. 그 결과 의병장 103명과 의병 4천 명 이상이 희생되었다. 국내에서
활동이 어려워진 의병은 만주와 연해주 등 국외로 이동하여 독립운동을 전개했다.

대토벌작전[◆] 아래 의병을 무참하게 학살했어요.

'합병合倂'이라는 단어는 적절하지 않다. 그렇다고 해서 '병탄竝呑/倂呑'
이라는 용어는 침략적이어서 사용할 수 없었다. 여러 가지로 고심한 결
과 나는 지금까지 사용된 적이 없는 '병합倂合'이라는 단어를 새롭게
고안해 냈다. 이것이라면 다른 영토를 제국 영토의 일부로 삼는다고
하는 의미가 '합병'보다 강하다.
— 일본 외무성 정무국장 구라치 데쓰키치의 말

한일병합이 조만간 마무리되리라 생각하던 순간 변수가 생겼어
요. 이토 히로부미가 안중근 의사에게 죽
고, 이완용이 이재명 의사의 칼에 맞아
중상을 입어요. 한일병합을 주도하던
두 인물이 빠지자 일본 정부는 초
조함을 감추지 못했어요. 다 된
밥에 코 빠뜨릴까 걱정한 일
본은 빠른 시일 내에 대한제
국을 강압적으로 병합하기
위해 군인 출신 데라우치
마사타케를 통감으로 임
명했어요.

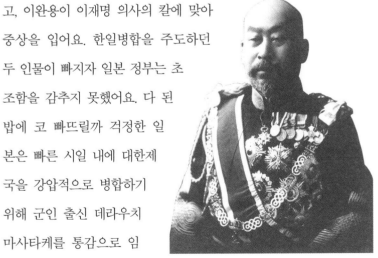

통감 데라우치 마사타케

한일병합조약이 강제로 체결된 창덕궁 흥복헌

　데라우치는 을사늑약 때처럼 순종과 병합에 반대하는 관료를 위협하기 위해 창덕궁을 헌병 경찰로 에워쌌어요. 그러고는 창덕궁 대조전의 부속 건물인 흥복헌에서 한일병합조약을 승낙받으려고 어전회의를 열었어요. 자신이 거처하는 방 옆에서 대한제국의 멸망을 논의하는 어전회의 내용을 들은 순정효황후(순종의 아내)＊는 황급히 국새

✽ **순정효황후 (1894~1966)**
윤택영의 딸로 황태자비 민씨가 죽자, 13살에 두 번째 황태자비가 되었다. 한일병합 이후 왕실을 이어 가기 위해 영친왕을 황태자로 책봉했다. 일제강점기 망국의 설움을 극복하기 위해 불교에 귀의하여 대지월이라는 법명을 받았다. 광복 이후 이승만 정부에 의해 창덕궁에서 내쫓겼다가 4·19혁명 이후 영친왕, 이방자, 덕혜옹주와 창덕궁에서 머물다 죽었다. 현재 유릉에 순종과 함께 묻혀 있다.

한일병합조약

제1조 한국 황제 폐하는 한국 전부에 관한 모든 통치권을 완전히 또는 영구히 일본국 황제 폐하께 양여(讓與, 자기의 소유를 남에게 건네줌)한다.

제2조 일본국 황제 폐하는 앞 조에 기재한 양여를 수락하고 한국을 일본제국에 완전히 병합함을 승낙한다.

(國璽, 나라를 대표하는 도장)를 치마 속에 숨겼어요. 어떻게든 국새를 숨겨 한일병합을 막아 내겠다는 생각밖에는 없었어요. 하지만 순정효황후의 숙부 윤덕영이 황후의 치마를 들춰 국새를 빼앗아 가면서 무효로 돌아가고 말아요.

윤덕영과 데라우치가 한일병합 조약문에 국새를 찍으라고 압력을 넣었지만,

순정효황후

순종은 끝까지 거부했어요. 무슨 일이 있어도 518년간 이어진 조선을 자기 손으로 문 닫고 싶지 않았어요. 하지만 나라를 지켜 낼 힘도 없었어요. 이완용과 데라우치는 순종의 허락 없이 한일병합조약을 체결해 버려요.

조선이 멸망했다는 소식에 한국인이 거세게 반발할까 걱정한 일본은 한일병합조약을 바로 발표하지 않았어요. 조약에 끝까지 반대하는 관료들을 불법으로 가두고, 반일 사회단체의 집회를 모두 막은 8월 29일 한일병합조약을 발표해요.

> 한국 병합은 대한제국의 황제로부터 민중에 이르기까지 모든 사람의 격렬한 항의를 군대의 힘으로 짓누르고 실현시킨, 문자 그대로 제국주의 행위이며, 불의부정不義不正한 행위였다.
>
> — 한국 병합 100년에 즈음해 2010년 5월 10일 발표된 한일 지식인 공동성명 중에서

우리 역사를 바꾼 장소, 중명전과 흥복헌

굴욕적인 역사의 현장, 중명전

아관파천 이후 덕수궁에 머물던 고종은 1899년 황실 도서관 중명전重明殿을 짓습니다. 중명전의 원래 이름은 수옥헌漱玉軒이었지만, '광명이 계속 이어져 그치지 않는 전각'이라는 의미로 중명전으로 이름을 바꿔요.

도서관에 불과하던 중명전은 1905년 우리의 역사를 크게 바꾸어 놓는 장소가 됩니다. 바로 을사늑약이 이곳 중명전에서 체결되었기 때문이에요. 을사늑약이 체결되던 날 이토 히로부미는 회의실 상석에 앉았습니다. 그리고 그 옆으로 일본 공사 하야시 곤스케와 을사오적인 이완용, 이지용, 권중현, 이근택, 박제순이 뒤따라 자리에 앉았고요. 물론 이 자리에 친일파만 있었던 것은 아니에요. 을사늑약을 끝까지 반대하던 한규설도 있었어요. 이토 히로부미는 한규설을 중명전 마루방에 가둬 두고는 다른 대신들을 협박하여 을사늑약을 체결했습니다.

1906년에는 중명전에서 순종이 순정효황후와 가례(嘉禮, 왕가의 결혼식)를 올렸어요. 을사늑약이 강제로 체결된 공간에서 가례를 올리는 순종과 이것을 바라보는 고종의 심정은 어땠을까요? 고종은 비통한 심정을 잊지 않고 1907년 이준을 중명전으로 불러 네덜란드 헤이그에서 열리는 만국평화회의에 특사로 파견합니다. 하지만 이일로 고종은 황제 자리에서 쫓겨나게 되지요.

경술국치(庚戌國恥, 1910년 일제의 침략으로 국권을 잃은 사건) 이후 중명전은 외국인에게 임대되었다가 1925년 화재로 벽만 남기고 모두 불타 버려요. 이후 다시 지어진 중명전은 일제강점기 경성구락부로 사용되다가 점차 사람들에게 잊혀 갔습니다. 문화재청은 2003년 중명전을 매입하여 복원한 후 2010년부터 시민에게 공개하고 있어요. 현재 중명전에는 강제로 을사늑약에 동의할 것을 강요하는 모습을 재현한 인형과 함께 한규설의 공적을 기리는 작은 공간이 마련되어 있습니다.

대한제국의 마지막 기억, 흥복헌

창덕궁은 태종 이방원이 경복궁에 머물고 싶지 않아서 새로 지은 궁궐이에요. 창경궁과 함께 동궐東闕로 불리던 창덕궁은 임진왜란

을사늑약이 체결되어 우리 역사를 바꾸어 놓은 중명전

당시 불에 타 버리자 광해군이 중건(重建, 절이나 왕궁 따위를 보수하거나 고쳐 지음)했어요. 이후 조선 후기의 많은 왕이 이곳에서 국정을 운영했지요. 특히 왕비가 머물며 생활하던 대조전은 창덕궁 정문인 돈화문을 시작으로 문을 5개 거쳐야 할 정도로 깊숙한 곳에 자리하고 있어요.

　그래서였을까요? 창덕궁 대조전 동쪽의 부속 건물인 흥복헌에서 1910년 8월 22일 한일병합을 결정짓는 대한제국 마지막 어전회의가 열립니다. 이곳이 왕비가 생활하던 공간이었던 만큼 순정효황후는 어전회의의 내용을 똑똑하게 들을 수 있었어요. 그녀는 회의 내용에 너무 놀라 한동안 움직일 수 없었지만, 곧 정신을 차리고 나라를 지키려고 국새를 자신의 치마폭에 숨겼어요. 하지만 숙부에게 치마가 들춰지는 치욕을 당하며 국새를 빼앗겨 버리고 말아요. 그리고 1926 년 창덕궁 흥복헌에서 조선의 마지막 임금 순종이 승하합니다.

2부

정전협정에서
위안부 합의까지

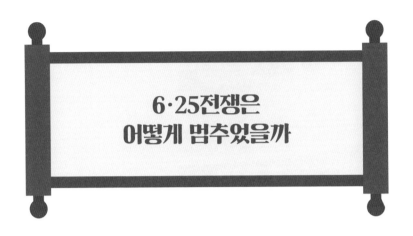

6·25전쟁은
어떻게 멈추었을까

광복의 기쁨 뒤에 찾아온 비극

1945년 태평양전쟁에서 미국에 패배한 일본이 무조건 항복을 외치면서, 우리는 그토록 기다리던 광복을 맞이하게 돼요. 하지만 독립이 우리의 힘만으로 얻은 것이 아니어서 아픔이 연이어 밀려왔어요. 그 배경에는 냉전 체제가 있어요. 제2차 세계대전이 끝날 무렵 미국과 소련은 국제사회의 주도권을 장악하기 위해 치열한 경쟁을 벌였어요. 미국과 소련이 직접 싸우진 않았지만, 전쟁처럼 치열하게 경쟁했다는 뜻에서 이 시기를 냉전(冷戰, cold war)이라고 불러요. 당시 많은 약소국은 살아남기 위해 미국과 소련 둘 중 하나를 선택해야 했

1945년 12월에 열린
신탁통치 반대 집회

어요. 이것은 광복을 맞이한 우리에게도 해당하는 이야기였어요.

일본군의 무장해제를 명분 삼아 북위 38도선을 경계로 북쪽은 소련이, 남쪽은 미국이 통치했어요. 얼마 뒤 미국·소련·영국 외무장관은 모스크바에 모여서 한국인은 나라를 운영할 능력이 없다며 최대 5년간의 신탁통치信託統治◆를 결의하게 돼요. 모든 한국인은 신탁통치를 반대했으나 소련의 지시를 받은 사회주의자들이 찬탁(贊託, 신탁통치를 찬성함)으로 노선을 바꾸면서 한국 사회에서는 갈등이 커졌어요. 이런 가운데 미국과 소련은 신탁통치를 둘러싸고 자기주장만

❋ 신탁통치
국제연합UN의 감독 아래 한 국가를 일정 기간 통치하는 제도

모스크바 3국 외상 회의의 결정 내용

1. 한국의 독립을 위하여 임시 민주 정부를 수립한다.

2. 임시 정부 수립을 위하여 미·소 공동위원회를 설치하고 한국의 정당 및 사회단체와 협의한다.

3. 미·소 공동위원회의 제안은 조선 임시 정부와 협의 후, 4개 나라가 5년 이내로 조선을 신탁통치 한다는 협정을 체결하기 위하여 미국·소련·영국·중국 정부의 공동 심의를 받아야 한다.

내세우며 어떤 결론도 내지 못했어요.

미국은 소련과의 대화를 포기하고 자기 영향력이 크게 미치는 유엔에 한국 문제를 위임했어요. 유엔이 인구 비례에 따른 총선거를 통해 한국 정부를 수립하기로 결정하자, 소련은 거부 의사를 확고하게 내비쳤어요. 소련의 반대에 부딪힌 유엔은 선거에 동의한 남한에서만 총선거를 실시했어요(5·10총선거). 그 결과 1945년 8월 15일 최초의 민주공화국인 대한민국이 수립돼요. 얼마 후인 9월 9일에는 분단의 책임을 대한민국에 떠넘긴 북한이 조선민주주의인민공화국을 수립하면서 한반도에는 2개 정부가 들어서게 돼요.

적화통일◆을 하려는 북한은 무기 등 군수물자를 소련에서 지원받

1948년 5월 10일에 실시된 남한 총선거 광경

있어요. 중국에게는 조선의용군*을 넘겨받아 북한군에 편입시키며 20여만 병력을 갖추게 됩니다. 반면에 남한의 상황은 좋지 못했어요. 미국이 태평양 지역 방위선에서 한국을 제외한다는 애치슨 선언

※ 적화통일
공산주의 이념을 가진 북한이 자유민주주의 국가인 대한민국을 흡수하여 통일하겠다는 정책

※ 조선의용군
김원봉의 조선의용대가 분열되면서 김두봉을 중심으로 하는 조선독립동맹의 군대로 중국공산당과 협력하여 일본군과 싸운 독립군 부대이다. 해방 이후 중국 재건을 둘러싸고 국민당과 공산당 사이에 벌어진 국공내전에 참가했다가 6·25전쟁에서 북한군에 편입되었다.

을 발표했기 때문이에요. 이제 대한민국은 일본군이 남기고 간 재래식 무기로 무장한 10여만 병력만으로 나라를 지켜야 했어요.

남한이 공격받는다고 해도 한국은 전략적으로 중요하지 않기 때문에 한국을 방어하기 위해 미국이 한국에 가지는 않을 것이다.
— 미 상원 외교위원회 위원장 팀 코널리의 말

우리 측 없이 이루어진 협상

남한보다 훨씬 우세한 군사력을 보유한 김일성은 미국이 개입하기 전에 충분히 적화통일할 수 있다고 판단했어요. 김일성은 전쟁을 벌이기 전에 소련의 스탈린에게 남침(南侵, 북쪽에서 남쪽을 침범함)을 허락받았어요. 중국의 마오쩌둥에게도 전세가 불리하면 참전하겠다는 약속을 받아 내면서 전쟁 준비가 끝났다고 판단한 북한은 1950년 6월 25일 새벽 4시 기습 남침했어요. 불과 3일 만에 서울을 점령한 북한군은 빠른 속도로 남하하여 낙동강까지 내려왔어요. 북한군을 막아 낼 수 없던 대한민국은 급히 유엔에 도움을 요청했어요.

유엔은 북한의 침략을 인정하며 유엔군통합사령관에 미 극동군사령관 더글러스 맥아더를 임명하며 군대를 파견해요. 국군과 유엔군은 모두가 불가능하다던 인천상륙작전을 성공시키며 압록강과 두

1951년 1·4후퇴 당시
남쪽으로 이동하고
있는 피난민들

만강까지 올라갔어요. 하지만 전쟁이 곧 끝날 것이라는 희망에 기뻐
하던 순간은 금방 끝이 나요. 미국의 북진을 두려워한 중국이 한반
도에 대규모 병력을 투입하면서 1·4후퇴를 하게 됩니다.

다행히 전열을 재정비한 국군과 유엔군이 서울을 다시 탈환하지
만, 이후 38도선 부근에서 지루한 소모전이 진행돼요. 어느 쪽도 승
기를 잡지 못한 채 애꿎은 희생자만 계속 늘어나자, 미국은 북한과
중국에 정전(停戰, 합의에 따라 전투를 일시적으로 중단하는 일)을 제안
했어요. 아무 이익도 없는 전쟁에서 빠지고 싶었던 거죠. 하지만, 미
국 없이는 북한군을 막아 낼 수 없던 이승만 정부는 휴전은 절대 있
을 수 없다며 강하게 반대했어요. 그러나 미국은 이승만 정부의 요
청을 무시하고, 1951년 7월 개성에서 첫 정전회담을 열었어요. 대한
민국을 뺀 채로 말이죠.

인천상륙작전 다음 날 인천항에서 미군이 인력과 장비를 내리고 있다.

인천상륙작전 직전 방
어가 약했던 인천을 포
격하는 것을 살피고 있
는 맥아더 장군

이승만 대통령

정전 협상이 이루어진 장소는 북한이 점령하고 있는 개성의 유명한 음식점 내봉장이었어요. 북한은 협상을 유리하게 끌고 가기 위해 내봉장 주변에서 연일 무력 시위를 했어요. 북한의 방해로 정전 협상이 진전되지 않자 유엔은 회담 장소 변경을 요구했어요. 북한은 어쩔 수 없이 주변에 아무것도 없어 군사 충돌이 일어나기 어려운 널문리 마을을 추천했어요. 유엔도 널문리 마을을 답사한 후 문제가 없겠다고 판단하면서 정전 협상이 다시 진행됐어요. 이 당시 정전 협상 장소를 널빤지 판板, 문 문門, 가게 점店으로 표기하면서 지금도 판문점板門店이라 부르고 있어요.

사람들은 판문점에서 정전 협상이 이토록 길게 진행될지 아무도 몰랐어요. 1953년 7월 27일 정전협정이 발표되기까지 무려 2년이나 걸렸어요. 유엔군 총사령관 마크 클라크, 조선인민군 총사령관 김일성, 중국 인민지원군 총사령관 펑더화이가 정전협정에 서명하기까지 예비회담 1회, 본회담 759회, 분과위원회 회담 179회, 참모장교 회담 188회, 연락장교 회담 238회가 열렸어요. 그 기간에도 남북한은 땅을 한 치라도 더 확보하려고 치열한 전투를 벌이면서 많은 군인이 희생되었어요.

판문점

결코 쉽지 않았던 전쟁 끝내기

정전회담의 주요 쟁점은 군사분계선(軍事分界線, 휴전을 협정할 때 설정한 군사 활동 한계선) 설정, 휴전 감시 기구 구성, 정치 회담, 전쟁포로 해결이었어요. 이 중 전쟁포로를 제외한 나머지 항목은 1952년 5월에 합의가 모두 끝났어요. 그런데 가장 수월할 것이라 예상하던 전쟁포로 문제가 발목을 붙잡았어요.

1953년 다시 열릴지조차 불투명하던 정전회담이 재개돼요. 그 배경에는 전쟁을 끝내겠다고 공약을 제시한 드와이트 아이젠하워의 미국 대통령 당선과 소련 공산당 서기장 스탈린의 죽음이 있었어요. 이승만 정부는 정전회담 재개를 달가워하지 않았어요. 정전 이후 나라를 지킬 힘이 없다는 사실을 너무 잘 알고 있었거든요. 이승만 정부는 정전 이후에도 미국이 군사 보호와 원조를 해 줘야 한다고 강하게 요구했어요. 하지만, 미국의 반응은 차가웠어요. 아무 이익도 없는 한국에 많은 자원과 병력을 투입하고 싶지 않았거든요.

절박했던 이승만 정부는 대한민국을 지켜 준다는 한미상호방위조약을 체결해 주지 않으면 유엔군에서 탈퇴하여 북한과 계속 전쟁하겠다고 선언했어요. 빈말이 아니라는 사실을 보여 주듯 1953년 6월 18일 미국의 동의 없이 북한군과 중국군 포로를 석방해 버렸어요. 이 사건은 정전 협상을 무효로 만들 만큼 큰 파장을 일으켰어요.

미국은 이승만 정부에 크게 화를 냈어요. 하지만 정전이 우선인 미국은 결국 이승만 정부의 요구를 수용했어요. 그 결과 국문·영문·한문으로 쓰인 5조 63항인 본 조약문과 11조 26항인 부록으로 구성된 정전협정이 체결돼요. 정전협정의 정식 명칭이 굉장히 길어요. '국제련합군 총사령관을 일방으로 하고 조선민주주의인민공화국 최고사령관 및 중공인민지원군 사령원을 다른 일방으로 하는 한국 군사정전에 관한 협정'이에요. 정말 길죠? 그래서 우리는 정식 명칭 대신 줄여서 '정전협정'으로 부르고 있어요.

정전협정 선언

국제연합군 총사령관을 한편으로 하고 조선인민군 최고사령
관 및 중국인민지원군 사령원을 다른 한편으로 하는 아래의
서명자들은 쌍방에 막대한 고통과 유혈 사태를 초래한 한국
에서의 충돌을 멈추고 평화적으로 해결될 때까지 한국에서의
적대 행위와 모든 무장 행동을 완전히 멈추는 것을 보장하기
위해 아래 조항에 기재된 정전 조건과 규정을 접수한다. 또 이
조건과 규정 들의 제약과 통제를 받는 데 서로 동의한다. 이
조건과 규정 들의 의도는 순전히 군사적 성질에 속하는 것이
며, 이는 오직 한국에서 전쟁을 치르는 쌍방에만 적용한다.

정전협정의 주요 내용은 다음과 같아요.

1. 군사분계선을 설정하고, 양측은 군사분계선으로부터 2킬로미터 후
   퇴하여 완충지대로 비무장지대를 설치한다.

2. 군사정전위원회를 구성하여 협정이 이행되는지 감시하며, 스웨덴·폴
   란드·스위스·체코슬로바키아 등 4개 나라로 중립국 감시위원단을
   구성하여 군비가 늘어나는지 감시·조사하게 한다.

3. 양측이 억류(抑留, 억지로 머무르게 함)하고 있던 포로를 돌려보내고, 본국으로 돌아가기를 거부하는 포로는 중립국 송환위원단에 인도한다.

정전협정이 체결되면서 6·25전쟁이 3년 3개월 만에 끝났어요. 이 과정에서 남한 62만, 북한 80만, 중국 97만, 유엔군 15만 명이 희생되고, 1천만 명이 넘는 이산가족이 발생했어요. 물적 피해도 대단히 커서 제조업 시설만 보더라도 남한은 1949년과 비교해 42퍼센트, 북한은 60퍼센트가 파괴되었어요. 그로 인해 남북한 모든 사람은 매우 고단한 삶을 살아야 했어요.

1953년 7월 27일 판문점에서 정전협정에 서명하는 유엔군 총사령관과 북한 측 대표

전란 중의 아이들

전쟁은 끝났지만 아직은 머나먼 통일

정전협정이 갖는 문제 하나가 대한민국을 정전협정의 주체자로 볼
수 있는가예요. 북한은 정전협정에 남한의 서명이 없다는 이유로 미
국하고만 대화하려고 해요. 예를 하나 들어 볼까요. 1975년 북한은
제네바회담에서 정전협정의 당사자인 미국하고만 평화협정을 체결
해야 한다는 각서를 유엔총회에 제출했어요.

　그렇다면 대한민국은 정전협정의 주체자가 아닐까요? 결론부터 말씀드리면 대한민국은 정전협정의 주체자이자 당사국입니다. 정전협정에서 유엔군 총사령관은 대한민국을 포함해 16개 참전국을 대표해서 서명한 거예요. 또한 정전협정 규정에 따라 개최된 1954년 제네바회담에서 북한은 대한민국이 참여하는 데 어떤 문제도 제기하지 않았어요.

1991년에는 대한민국 국군 장성이 군사정전위원회 수석대표로 임명되었어요. 이것은 정전협정의 당사국이기에 가능한 일이겠죠. 무엇보다 1992년 북한과 중국이 군사정전위원회에서 철수하면서 정전협정의 효력이 대부분 사라졌어요. 그런데도 북한은 아직도 정전협정을 대신할 평화협정(전쟁을 끝내고 평화를 회복하기 위해 맺는 협정)을 미국하고만 체결하겠다고 억지를 부리고 있어요.

북한에 이토록 무시당하면서 통일해야 하는가에 의문이 들 수도 있어요. 하지만 우리는 반드시 통일해야만 해요. 통일해야 하는 현실적인 이유를 살펴볼까요? 우선 남북한은 전쟁이 일어날 때를 대비하여 매년 우리가 상상하기 힘들 정도의 큰 비용을 쏟아붓고 있어요. 그 과정에서 과거와는 비교되지 않을 만큼 살상력(殺傷力, 사람을 죽이거나 상처를 입힐 수 있는 능력)을 갖춘 무기들이 배치되고 있어요. 이것은 한반도에서 다시 전쟁이 발발한다면 6·25전쟁 때하고는 비교도 되지 않을 만큼 큰 피해가 발생한다는 것을 의미해요. 그래서 평화협정 체결은 우리에게 무엇보다도 시급한 일이에요. 또한 평화협정은 반드시 남북한이 자주적으로 해결해야 할 문제이기도 해요.

우리의 강한 요구로 이루어진 동맹

정전협정이 순조롭게 이루어질수록 이승만 정부는 다급해졌어요. 무슨 일이 있더라도 미국과 군사동맹을 맺어야만 대한민국이 계속 존재할 수 있다고 판단했거든요. 하지만 미국은 이승만 정부의 의견을 계속 무시했어요. 어떻게든 미국의 마음을 돌리기 위해 이승만 정부는 정전협정 이후에도 중공군(中共軍, 중국 공산당에 속한 군대로 6·25전쟁에 참전했던 중국 군대를 뜻함)이 철수하지 않으면, 혼자라도 끝까지 싸우겠다고 미국을 협박했어요. 동시에 엘리스 브릭스 주한대사를 불러 "오늘은 공산주의를 막기 위해서, 내일은 일본의 위협에서 자유로워지기 위해서라도 한미상호방위조약이 꼭 필요하다."라며 부탁했어요. 미국에 협박과 부탁을 동시에 했지만, 아무 효과도 없었어요. 미국은 오로지 한반도의 전쟁에서 발을 빼고 싶은 생각밖에는 없었으니까요.

결국 이승만 정부는 최후의 수단으로 반공포로 2만 5천여 명을 미국의 동의 없이 석방해 버렸어요. 2년 동안 진행되어온 정전회담을 무효로 돌릴 정도로 반공포로 석방은 큰 파장을 일으켰어요. 미국 아이젠하워 대통령은 "대한민국이 등 뒤에서 칼을 찔렀다."라며 이승만 정부를 강하게 비난했어요. 그러면서도 내심 이승만 정부가 독자적으로 북한과 전쟁을 계속할까 걱정했어요. 3년 동안 전쟁에 엄청난 비용을 쏟아부었는데 아무 성과도 없이 물러나는 상황은 상상하기조차 싫었으니까요. 무엇보다 세계 여러 나라가 미국의 지도력을 의심할까 걱정됐어요. 그래서 미국은 어쩔 수 없이 이승만 정부의 요구를 들어주기로 결정하게 돼요.

미 국무부 극동 담당 차관보 월터 로버트슨은 이승만 대통령과 만나 다음과 같이 약속했어요.

1. 한미방위조약을 체결한다.
2. 장기간 경제원조와 2억 달러의 원조를 공여(供與, 자산이나 자원을 빌려줌)한다.
3. 한국군의 육군 20개 사단 및 해·공군력을 증강한다.

1953년 8월 8일 서울에서 열린 한미상호방위조약 가조인식. 윗줄 가운데 이승만 대통령이 보인다.

4. 정전협정에 따라 공산군 측과 회담한 지 90일이 지나도 진전이 없으면 한국 통일 방안을 협의한다.

모든 약속은 문서로 기록해야 효력이 발생해요. 말로 하는 약속은 이해관계가 변하면 언제든 깨질 수 있거든요. 그래서 이승만 정부는 1953년 8월 8일 서둘러 서울에서 가조인假調印◆을 했어요. 그리고 두 달 뒤인 10월 1일 워싱턴에서 정식으로 한미상호방위조약을 조인했어요. 우리는 힘의 우위에 있는 나라가 조약 맺는 장소를 결정한다는 사실을 앞서 여러 번 확인했어요. 한미상호방위조약도 여기에서 벗어나지 않아서, 우리에게 도움을 주는 미국의 수도 워싱턴에

❀ **가조인**

약정된 문서에 정식으로 서명하기 전에 임시로 서명하는 예비 조인

서 최종 조인하게 됩니다.

전쟁을 빨리 끝내고 싶었던 미국

한미상호방위조약 제5조에 따르면 비준서가 워싱턴에서 교환되었을 때 효력이 발생한다고 되어 있어요. 이를 근거로 미국은 비준서를 교환하지 않고 시간만 끌었어요. 이런 행동의 이면에는 이승만 정부에 대한 불신이 있었어요. 미국은 혹시라도 이승만 정부가 한미상호방위조약으로 증강한 군대로 북한에 쳐들어가지 않을까 걱정했거든요.

그런 가운데 1954년 한국 문제를 평화적으로 해결하기 위해 열린 제네바회담이 아무 성과 없이 끝났어요. 다시 불안해진 이승만 정부는 정전협정 무효와 북진통일을 주장하며 미국을 압박했어요. 이것은 어서 빨리 한미상호방위조약 비준서를 교환하자는 메시지를 보낸 것이었어요. 반면에 미국은 이 기회에 이승만 정부가 단독으로 행동하지 못하도록 묶어 둘 필요가 있다고 판단했어요. 그래서 미국은 한반도 통일을 자신들이 도와주는 대신 유엔군 총사령관에게 한국군의 작전 지휘권을 넘긴다는 내용의 한미합의의사록을 제시했어요. 만약 대한민국이 한미합의의사록 조인을 계속 거부하면 미군을 철수하고 원조도 끝내겠다고 협박했어요.

결국 이승만 정부는 유엔군 총사령부에 한국군의 작전 지휘권을 넘기는 대신 미국으로부터 7억 달러 규모의 군사·경제 원조 및 10개 예비사단 신설과 해·공군력 증강을 약속받는 한미합의의사록에 조인했어요. 그리고 같은 날 한미상호방위조약 비준서도 주고받았고요. 이후 대한민국은 미국으로부터 무상 원조를 받게 돼요. 1955년에만 미국으로부터 군사원조 4억 2천만 달러, 경제원조 2억 8천만 달러 등 총 7억 달러를 제공받아요. 이 금액은 박정희 정부가 한일기본조약으로 받은 6억 달러보다도 훨씬 많은 금액이었어요.

한미상호방위조약의 빛과 그림자

한미상호방위조약은 북한을 비롯한 공산국가로부터 대한민국을 지켜 주는 보호막 역할을 했어요. 또한 미국으로부터 받은 경제원조는 전쟁으로 모든 것이 폐허가 된 대한민국을 재건하는 데 큰 힘이 되었어요. 그러나 한미상호방위조약에 불명확한 용어를 사용해 생긴 부작용도 있어요. 우선 한미상호방위조약 본 조약문에 표기된 "태평양 지역의 안정"이 영토에 국한되는지, 아니면 경제 분야처럼 다른 범위까지 해당하는지 모호해요. 더불어 한미상호방위조약이 한반도에 국한되는지도 다르게 해석될 가능성이 있어요. 이것이 왜 중요하냐면 대한민국이 미국의 분쟁 지역에 투입될 근거로 활용될 수도 있거든요. 특히 제3조에서 "타 당사국의 행정 지배하에 합법적으로 들

한미상호방위조약

제2조 당사국 중 어느 한 나라의 정치적 독립 또는 안전이 외부의 무력 공격에 의하여 위협받고 있다고 어느 당사국이든지 인정할 때 언제든지 당사국은 서로 협의한다. 당사국은 단독으로나 공동으로나 자조(自助, 자기의 발전을 위하여 스스로 애씀)와 상호 원조에 의하여 무력 공격을 방지하기 위해 적절한 수단을 지속하며 강화시킬 것이며, 본 조약을 실행하고 그 목적을 추진할 적절한 조치를 협의와 합의하에 취할 것이다.

제3조 각 당사국은 타 당사국의 행정 지배하에 있는 영토와 각 당사국이 타 당사국의 행정 지배하에 합법적으로 들어갔다고 인정하는 금후의 영토에 있어서 타 당사국에 대한 태평양 지역에 있어서의 무력 공격을 자국의 평화와 안전을 위태롭게 하는 것이라 인정하고, 공통한 위험에 대처하기 위하여 각국 헌법상의 절차에 따라 행동할 것을 선언한다.

제4조 서로의 합의에 따라 미합중국의 육군, 해군, 공군을 대한민국의 영토 내와 그 부근에 배치하는 권리를 대한민국은 허용하고 미합중국은 수락한다.

제6조 본 조약은 무기한으로 유효하다. 어느 당사국이든지 다른 당사국에 통고한 후 1년 후에 본 조약을 종지(終止, 끝냄)시킬 수 있다.

어갔다고 인정하는 금후의 영토"라는 문구는 대한민국이 베트남전에 한국 군인을 파병하는 근거로 작용하기도 했어요.

제2조 "외부의 무력 공격에 의하여 위협받고 있다고 어느 당사국이든지 인정할 때"라는 문구에서는 위협 범위가 명확하게 나오지 않아요. 이 때문에 미국이 자국의 이익을 위해 대한민국에 개입할 상황이 생길 수 있어요. 제4조와 관련해서도 미국이 원하는 주한 미군 주둔 지역을 한국은 무조건 제공해야 해요. 이것은 대한민국의 주권을 침해하는 내용이어서 지금까지도 문제가 되고 있어요.

이 외에도 한미상호방위조약으로 받은 경제원조로 대한민국은 경제 부문에서 미국에 많이 의존하게 되는 문제가 생겼어요. 1953년 대한민국 총수입의 55.5퍼센트를 차지하던 미국 원조가 1960년 전후로 90퍼센트까지 높아졌어요. 그래서 우리는 한동안 미국의 영향력에서 자유롭지 못했어요. 지금은 대한민국의 발전으로 미국 의존도가 낮아졌다고 하지만, 아직도 많은 부분에서 자유롭지 못한 것이 사실이에요. 분명한 것은 21세기 선진국으로 진입한 대한민국은 한미상호방위조약 제6조의 "본 조약은 무기한으로 유효하다."라는 문구를 삭제하여 자주 국가로 나아갈 필요가 있다는 거예요.

우리와 인연이 깊은 워싱턴 D.C.

영국으로부터 1776년 독립한 미국 수도는 지금의 워싱턴 D.C.가 아닌 필라델피아였습니다. 미국 의회는 중립성이 확보되지 않은 필라델피아가 수도로 적합하지 않다는 주장을 제기했어요. 초대 대통령 조지 워싱턴도 중립성을 확보하기 위해서는 미국의 어느 한 주에 소속되지 않은 장소에 수도를 건설하는 것이 옳다는 데 동의했고요. 그 결과 13개 주 남북 중간지점인 포토맥 강변에 수도를 건설하고 컬럼비아 특별구District of Columbia로 불렀습니다. 현재는 초대 대통령 워싱턴의 이름을 붙여 워싱턴 D.C.Washington District of Columbia라 부르고 있어요.

프랑스의 피에르 샤를 랑팡이 설계한 워싱턴 D.C.는 국회의사당과 대통령 관저인 백악관을 중심으로 넓은 도로가 방사상으로 뻗어 있어요. 국가 주요 시설의 안전 확보와 국회 존중을 이유로 169미터인 워싱턴 기념탑보다 높은 건물도 존재하지 않고요. 특히 워싱턴 D.C.에는 6·25전쟁의 희생자를 기리는 실물 크기의 야외 기념비

하늘에서 본 워싱턴 D.C.

추운 겨울날 전투 중인 군인의 모습을 표현한 조각상들

기념비에는 "자유는 거저 얻어지지 않는다"라고 새겨져 있다.

가 있어요. 참전한 미군 150만 명을 기리기 위해 세워진 현충 시설에는 사진 영상 2500개와 추운 겨울날 전투 중인 군인의 모습을 표현한 19개 조각상이 세워져 있습니다. 그리고 기념비에는 6·25전쟁에서 전사, 부상, 실종, 전쟁 포로가 된 군인의 숫자와 "자유는 거저 얻어지지 않는다Freedom is not free"라는 문구가 적혀 있어요.

워싱턴 D.C.에 거주하는 인구는 2000년 기준 57만 명밖에 되지 않아요. 그러나 174개 대사관과 세계은행WB, 국제통화기금IMF, 미주개발은행IDB 등 수많은 국제기구가 있지요. 그만큼 세계를 움직이는 중요한 일들이 매 순간 논의되고 결정되는 워싱턴 D.C.의 영향력은 어느 나라의 수도와도 비교할 수 없어요.

우리가 워싱턴 D.C.를 처음 방문한 것은 1883년이에요. 조미수호통상조약을 체결한 조선은 정사正使 민영익, 부사副使 홍영식을 책임자로 미국에 친선 사절단 보빙사를 파견했어요. 보빙사는 워싱턴

D.C.에 도착했다가 미국의 체스터 아서 대통령이 머무는 뉴욕 호텔로 이동하여 국서를 전달했어요. 이 과정에서 미국 언론은 커다란 모자(갓)를 쓰고 큰절을 올리는 보빙사의 모습을 신문 1면에 실으며 큰 관심을 보였어요. 보빙사는 미국 대통령 접견 이후 워싱턴 D.C.의 국무부, 내무부 등 주요 기관을 방문하며 선진 문물을 접했지요.

1883년 미국 주간지 《레슬리 일러스트》 1면에 실린, 보빙사 일행이 당시 미국 대통령 아서를 만나 큰절을 올리는 장면

이후 미국은 우리 역사에 많은 영향을 미치는 국가가 됩니다. 우리가 일본의 식민지로 전락하는 데 미국이 관여했지만, 광복과 대한민국 수립 이후에는 우리에게 많은 도움을 주었어요. 이 과정에서 한미상호방위조약 등 우리에게 큰 영향을 미친 여러 조약이 워싱턴 D.C.에서 체결됩니다.

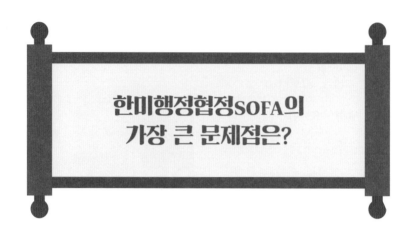

한미행정협정SOFA의
가장 큰 문제점은?

한미행정협정은 어떤 조약일까

보통 SOFAStatus of Forces Agreement로 알려진 한미행정협정의 정식 명칭은 '대한민국과 아메리카합중국 간의 상호방위조약 제4조에 의한 시설과 구역 및 대한민국에서의 합중국 군대의 지위에 관한 협정 Agreement under Article Ⅳ of the Mutual Defense Treaty between the Republic of Korea and the United States of America, regarding Facilities and Areas and the Status of United States Armed in the Republic of Korea'이에요. 우리는 이것을 한미행정협정 또는 SOFA로 줄여서 부르고 있어요. SOFA는 한미상호방위조약 제4조에 근거하여 대한민국에 주둔하는 미군의 법적 지위를 규정하는

American Embassy
Taejon, Korea

July 12, 1950

The American Embassy presents its compliments to the Ministry of Foreign Affairs of the Republic of Korea and has the honor to state that in the absence of a formal agreement defining and setting forth the respective rights, duties and jurisdictional limitations of the military forces of the United States (excepting the United States Military Advisory Group to Korea, which is covered by the agreement signed in Seoul on January 26, 1950) and the Government of the Republic of Korea, it is proposed that exclusive jurisdiction over members of the United States Military Establishment in Korea will be exercised by courts-martial of the United States.

It is further proposed that arrests of Korean nations will be made by United States forces only in the event Korean nationals are detected in the commission of offenses against the United States forces or its members. In the event that arrest of Korean nationals are made under the circumstances set forth above, such persons will be delivered to the civil authorities of the Republic of Korea as speedily as practicable.

The Ministry of Foreign Affairs and the Government of the Republic of Korea will understand that in view of prevailing conditions, such as the infiltrations of North Koreans into the territory of the Republic, United States forces cannot be submitted, or instructed to submit, to the custody of any but United States forces. Unless required, owing to the non-existence of local courts, courts of the United States forces will not try nationals of the Republic of Korea.

The American Embassy would be grateful if the Ministry of Foreign Affairs would confirm, in behalf of the Government of the Republic of Korea, the above-stated requirements regarding the status of the military forces of the United States within Korea.

대전협정 문서
원문 1장

협정이에요. 사실 SOFA는 미국이 대한민국하고만 맺은 협정이 아니에요. 미국은 미군이 주둔하는 세계 80여 개국의 현지 사정에 따라 모두 다른 내용으로 체결하고 있어요.

우리나라의 SOFA는 6·25전쟁이 발발한 1950년 대전협정에서 출발해요. 이승만 정부는 임시수도였던 대전에서 전쟁에 참여한 미군을 위해 '재한 미국군대의 관할권에 관한 한미협정(대전협정)'을 체결했어요. 미국의 도움이 절대적으로 필요했던 만큼 대전협정에는 미군의 치외법권을 인정하는 등 대한민국의 주권을 침해하는 내용이 가득했어요.

대한민국과 미국은 북한이 다시 침략하는 것을 막는 한미상호방위조약을 맺는 과정에서도 주한 미군에 관한 별도의 협정이 필요해졌어요. 그 결과 1966년 한국의 외무장관과 미국의 국무장관은 주한 미군이 사용할 시설과 지위와 관련하여 SOFA를 서울에서 조인하게 돼요. SOFA는 31조로 된 본문과 합의 의사록, 합의 양해 사항, 교환 서한에 해당하는 총 3가지 부속 문서로 구성되었어요. 하지만, 많은 부분이 우리에게 불리해요.

대표적으로 본문 22조를 살펴볼까요. 본문 22조는 "미국의 안전이나 재산에 관한 범죄, 미국 군무원과 그들 가족의 신체나 재산에 관한 범죄, 공무상의 범죄를 제외한 모든 범죄를 한국이 1차로 재판할 권리가 있다."라고 명시하고 있어요. 그런데 부속 문서에서 한국이 재판권을 포기한다고 명시해 놓았어요. 이 외에도 대한민국은 SOFA 규정에 따라 미군 가족이 저지른 범죄도 처벌하지 못해요. 미군 시설과 부지 그리고 유지에 필요한 경비도 대한민국이 무상으로 제공하도록 되어 있고요.

이후 대한민국 역대 정부는 불합리한 SOFA 개정을 위해 꾸준하게 노력했어요. 그 결과 1991년 형사재판권 자동 포기 조항이 삭제되었어요. 2000년에는 기소(起訴, 검사가 특정한 형사 사건에 대하여 법원에 심판을 요구하는 일) 시점 또는 체포 시점에 미군을 인도받을 수 있도록 개정했고요. 미군 기지에 관해서도 오염된 미군 기지를 개선하고 복구하는 비용을 미국이 부담하도록 바꾸었어요. 또한 미군 기지에서 일하는 한국 근로자의 처우도 개선했지만, SOFA에는 아직

2000년 8월 2일 열린 SOFA 개정 협상에서 악수를 나누는 한국과 미국 대표

도 바로잡아야 할 규정이 너무 많이 남아 있어요.

범죄를 저질러도 처벌할 수 없다고?

범죄를 저지른 미군을 SOFA에 의해 처벌하지 못하는 사건이 많이
있어요. 대표적으로 윤금이 씨 살해 사건과 여중생 두 명이 압사당한
사건이 있어요. 1992년 동두천 미군 전용 클럽 종업원이던 윤금이 씨
가 미군 케네스 마클 병사에게 잔혹하게 살해당했어요. 경찰은 시신
과 주변에 남겨진 지문과 목격자 진술을 토대로 피 묻은 바지를 입
고 부대로 돌아가는 미군 병사 케네스를 용의자로 체포했어요. 하지

SOFA 제22조 형사재판권

1. 본 조의 규정에 따를 것을 조건으로,

(가) 미합중국 군 당국은 미합중국 군대의 구성원, 군속(軍屬, 군무원) 및 그들의 가족에 대하여 미합중국 법령이 부여한 모든 형사재판권 및 징계권을 대한민국 안에서 행사할 권리를 가진다.

(나) 대한민국 당국은 미합중국 군대의 구성원, 군속 및 그들의 가족에 대하여 대한민국의 영역 안에서 저지른 범죄로서 대한민국 법령에 따라 처벌할 수 있는 범죄에 관하여 재판권을 가진다.

2. (가) 미합중국 군 당국은 미합중국 군대의 구성원이나 군속 및 그들의 가족에 대하여 미합중국 법령에 의하여서는 처벌할 수 있으나 대한민국 법령에 의하여서는 처벌할 수 없는 범죄(미합중국의 안전에 관한 범죄를 포함한다)에 관하여 전속적(全屬的, 오로지 한 기관에 소속되거나 관계를 맺음) 재판권을 행사할 권리를 가진다.

(나) 대한민국 당국은 미합중국 군대의 구성원이나 군속 및 그들의 가족에 대하여, 대한민국 법령에 의하여서는 처벌할 수 있으나 미합중국 법령에 의하여서는 처벌할 수 없는 범죄(대한민국의 안전에 관한 범죄를 포함한다)에 관하여 전속적 재판권을 행사할 권리를 가진다.

2002년 12월 1일 밤 여중생 사망 사고와 관련해 미군 무죄 평결에 항의하는 시민들이 서울 광화문 교보문고 앞에서 촛불시위를 벌이고 있다.

만, SOFA로 인해 조사도 하지 못하고 미군에 돌려보내야만 했어요.

2002년에는 경기도 양주시에서 도로 갓길을 걷던 중학교 2학년이던 신효순과 심미선 두 여학생이 미군 장갑차에 깔려 사망하는 사고가 발생했어요. 여중생의 죽음은 우발적 사고였다며, 자신들에게 책임이 없다고 미군은 주장했어요. 분노한 유족과 시민단체는 진상조사와 재판 회부를 공식적으로 요구했어요. 하지만, 미군은 공무중에 일어난 사건이며 1차 재판권을 포기한 사례가 없다며 반대 의사를 표했어요. 결국 장갑차를 운전한 두 병사는 과실 사고라며 무죄 판결 받았어요. 이 판결을 두고 국내에서 촛불집회가 열리는 등

반미 감정이 높아지자, 미국 부시 대통령은 SOFA를 개정하겠다는 의사를 보였습니다. 하지만 아직도 SOFA 개정은 진행 중이에요.

미군 기지 주변에서 일어난 환경오염

SOFA 제4조 시설과 구역-시설의 반환

1. 미합중국 정부는 본 협정이 종료될 때나 그 이전에 대한민국 정부에 시설과 구역을 반환할 때 이들 시설과 구역이 미합중국 군대에 제공되었던 당시의 상태로 되돌려 놓아야 할 의무를 지지 아니하며, 그 대신으로 대한민국 정부에 보상하여야 할 의무도 지지 아니한다.

2. 대한민국 정부는 본 협정이 종료될 때나 그 이전의 시설과 구역을 반환할 때, 시설과 구역에 가하여진 어떠한 보수나 남겨진 건물 및 공작물(工作物, 인공적으로 제작한 시설)에 대하여 미합중국 정부에 어떠한 보상도 행할 의무를 지지 아니한다.

2022년 용산 미군 기지에서 기름 오염 정도TPH가 기준치의 29배를 넘는다는 보고가 나왔어요. 이뿐 아니라 건강을 크게 해칠 수 있는

2018년 미군 기지 환경오염 해결과 SOFA 개정을 촉구하는 녹색연합 회원들

비소와 다이옥신 등 발암물질도 다량 검출되었어요. 미군이 환경오염의 주범이 확실한데도, SOFA에 환경 관련 규정이 없다는 이유로 미국은 책임지는 행동을 보이지 않고 있어요.

그나마 다행인 것이 2001년에 SOFA 환경보호에 관한 특별 양해각서覺書◆가 체결되었다는 점이에요. 그렇다고 문제가 완전히 해결된 것은 아니에요. 각서에서 "인간의 건강 또는 생명에 현재 급박하고 중대한 위험을 초래하는 경우"라는 추상적 기준을 제시했기 때문이에요. 환경오염 정도가 수치화되어 있지 않으면 미군에 책임을 묻기가

✻ 각서
조약에 덧붙여 해석하거나 보충할 것을 정하고, 예외 조건을 붙이거나 자기 나라의 의견, 희망 따위를 진술하는 외교 문서. 조약보다는 강제성이 약하여 비교적 가벼운 의미로 사용된다.

어려워요. 무엇보다 미국과 합의하지 않으면 미군 기지가 오염되었는지 조사할 수조차 없어요. 혹여 오염되었다고 확인돼도 미국은 주한 미군의 건강에 문제가 생긴 적이 없다며 책임을 회피하고 있어요.

한 예로 2007년 서울 녹사평역 주변이 오염된 원인이 용산 미군 기지에 있다는 사실이 밝혀졌어요. 법원은 미군 기지에 18억 원을 서울시에 배상하라고 판결했어요. 하지만 미국은 SOFA 제4조 1항에서 '미국은 제공된 시설과 구역을 원래대로 되돌려 놓아야 할 의무를 지지 않는다.'는 내용을 근거로 내세우며 환경오염을 정화할 의무가 없다고 주장했어요. 결국 대한민국 정부는 미국을 대신하여 서울시에 배상금 18억을 지불해야 했어요.

방위비 분담금은 누가 낼까

SOFA 제5조 시설과 구역-경비와 유지

1. 미합중국은 제2항에 규정된 바에 따라 대한민국이 부담하는 경비를 제외하고는 본 협정의 유효 기간 동안 대한민국에 부담을 지우지 아니하고 미합중국 군대를 유지하는 데 드는 모든 경비를 부담하기로 합의한다.

2021년 3월 18일 열린 한미방위비분담특별협정 가서명식

대한민국이 높은 경제성장을 하자 미국은 방위비 분담금을 요구했어요. 분명 SOFA 제5조 1항에 미군 경비는 미국이 부담하기로 되어 있는데 말이죠. 하지만 대한민국 정부는 규정에 어긋나는 미국의 부당한 요구를 거부하지 못했어요. 미국에 안보를 의지하고 있는 현실 때문에요.

결국 대한민국 정부는 미국의 요구에 따라 1991년 한미방위비분담특별협정SMA을 맺었어요. 이제는 대한민국이 주한 미군 기지에서 근무하는 한국인 근로자 인건비, 미군 시설 건설 및 연합 방위 증강 사업, 군수 지원비 등을 담당하게 되었어요. 문제는 대한민국이 매년 부담해야 할 방위비 분담금이 계속 늘어난다는 점이에요. 1991년 1,088억 원을 지급했던 것이 2021년에는 1조 1,833억으로 대폭 상승했어요. 문제는 방위비 분담금이 앞으로 얼마나 더 늘어날지 모른다는 거죠.

해마다 최소 수십억 원 잉여금이 생겨도 제대로 감시·감독도 할 수 없고, 국고로 환수해야 하는데 아무런 조항이 없다. 전기요금과 가스요금, 상하수도 요금, 세탁·목욕·폐기물 처리 용역에 대한 지원까지 명시하고 있는데, 이런 돈까지 우리가 다 내야 하는가.
— 송영길, 천정배, 김종대 의원의 2019년 3월 국회 기자회견

매년 방위비가 산정될 때 우리나라의 경제 성장률과 물가 인상률이 합리적으로 반영되면 그나마 우리가 이해할 수 있지 않을까요? 그것도 아니라면 정말 필요한 곳에 방위비가 사용될 때 우리의 불만이 조금은 수그러들지도 모르겠어요. 하지만 대한민국 정부는 방위비 분담금을 미국이 어떤 명목으로 사용했는지조차 알 수 없어요. 매년 1조가 넘는 돈을 미국에 지불하면서도 집행 내역조차 확인하지 못한다는 사실이 너무도 불공평하게 느껴지지 않나요? 그리고 언제까지 대한민국은 매년 1조 원이 넘는 돈을 미국에 지급해야 할까요?

일왕은 더 이상 신이 아니다

태평양전쟁에서 패배한 일본은 연합국 최고사령관 총사령부GHQ-
SCAP의 간접통치를 7년 동안 받게 돼요. 연합국 최고사령관 총사령
부에 가장 큰 영향력을 행사하던 미국은 동아시아에 진출하기 위한
교두보로 일본을 활용하기로 해요. 그러기 위해 일본의 체제부터 대
폭 변화시켰어요. 우선 '경제 민주화', '교육의 자유화', '노동조합의
결성', '압제적 법 제도의 철폐', '여성 해방'이라는 5대 강령을 일본에
제시했어요. 그와 함께 일본 군대를 해산하고, 극동국제군사재판소
에서 전범 재판을 열었어요(극동국제군사재판). 이듬해에는 일본 왕의

1946년 극동국제군사재판소에서 전범 재판을 받고 있는 피고인들

권위를 약화하기 위해 '일왕은 신이 아닌 인간'이라고 발표하게 만들었어요. 이 외에도 전쟁에 책임이 있는 관료를 파면하고 15개 재벌을 해체했어요.

그런데도 일본은 정신을 차리지 못했어요. 가장 큰 범죄자인 일왕의 통치권을 인정하는 헌법을 만들려고 했기 때문이에요. 일본에 개선 의지가 없다고 판단한 연합국 총사령부는 일왕의 어떤 통치권도 인정하지 않는 신헌법을 만들어 주었어요. 일본은 신헌법에 불만을 표출했지만 거부할 힘이 없었어요. 결국 일왕의 통치권을 인정하지 않는 신헌법이 1946년 11월 3일 공표돼요.

일본 신헌법

제9조

1항 일본 국민은 정의와 질서를 기조로 하는 국제평화를 성실히 희구하며, 국제분쟁을 해결하는 수단으로써 국권이 발동되는 전쟁과 무력에 의한 위협 또는 무력의 행사는 영구히 포기한다.

2항 앞항의 목적을 달성하기 위하여 육해공군, 그 밖의 전력을 보유하지 아니한다. 국가 교전권(交戰權, 국가가 전쟁할 권리)은 인정하지 아니한다.

일본이 과거를 책임질 필요가 없다고?

1948년 한반도에서는 대한민국과 조선민주주의인민공화국 2개 정부가 수립돼요. 1949년에는 마오쩌둥의 중화인민공화국이 장제스의 국민정부를 타이완으로 쫓아내고 중국 본토를 차지해요. 1950년에는 한반도에서 6·25전쟁이 일어나며 동아시아는 혼돈 상태에 빠져요. 이 혼란 속에서 미국은 동아시아에 대한 영향력을 잃지 않기 위해 일본을 적극적으로 활용했어요.

1951년 9월 8일 샌프란시스코 전쟁 기념 오페라극장에서 열린 샌프란시스코회의에서 일본 총리 요시다 시게루가 샌프란시스코평화조약에 서명하고 있다.

미국은 6·25전쟁에 필요한 물품을 생산하고 유통하는 일을 일본에 맡겼어요. 폐허가 된 현실에 삶의 의욕마저 잃고 있던 일본은 이를 계기로 생기를 되찾아 제2차 세계대전 수준으로 경제성장을 이루어요. 하지만 이 시기 일본 전범(戰犯, 전쟁범죄자)이 공직에 복귀하게 됩니다. 여기에는 일본에서 공산주의자들이 한반도에서처럼 문제를 일으킬까 걱정한 미국이 공산주의 이념을 지지하는 공직자를 퇴출한 데 원인이 있어요. 또 다른 이유로는 전범이라는 약점을 가진 이들을 공직에 기용(起用, 면직되거나 휴직된 사람을 다시 씀)하여 일본을 자기 뜻대로 움직이려는 미국의 의도도 있었어요.

미국은 1951년 태평양전쟁의 전후 처리를 논의한 샌프란시스코회의에서 일본으로부터 가장 큰 피해를 본 대한민국과 중국, 그리고 타이완을 제외했어요. 그 결과 일본은 과거 자신들이 침략하고 수탈하며 피해를 준 국가들에 사죄하고 막대한 배상금을 지불할 필요가 없어졌어요. 그 대신 일본은 미국에 답례라도 하듯 일본 영토에 미군이 주둔할 수 있는 미일안전보장조약을 체결해요. 이듬해인 1952년에는 미일행정협정을 통해 미군 기지 건설에 필요한 부지와 주둔 비용까지 부담하고요.

왜 독도를 두고 여전히 싸울까

샌프란시스코평화조약이 우리에게 미친 영향은 독도 영유권 문제와 과거사 청산 및 배상 문제로 크게 나누어 볼 수 있어요. 우선 독도 문제를 살펴볼까요? 일본은 태평양전쟁 패배 이후 연합국 최고사령부 지령SCAPIN에 따르기로 약속했어요. SCAPIN 677호 제3항은 일본 영토를 홋카이도·혼슈·시코쿠·규슈의 4개 섬과 쓰시마와 류큐를 포함한 1천여 개 인접 도서(島嶼, 크고 작은 섬)로 규정했어요. 울릉도와 독도, 그리고 제주도는 일본의 영토에서 제외한다고 명확하게 밝혔고요. SCAPIN 1033호에서는 독도를 일본 어선의 조업 범위에서 제외하고, 제3항 b를 통해 일본 선박 및 승무원이 독도로부터 12마일 이내로 접근하면 안 된다고 밝혔어요. 그래서 이승만 정부는

독도

SCAPIN 677호 및 1033호를 근거로 독도가 우리 영토라고 주장했
어요.

　그런데 샌프란시스코평화조약에서는 SCAPIN 677호와 다르게
일본 영토를 규정했어요. 샌프란시스코평화조약 제2조 a항에서 "일
본은 한국의 독립을 승인하고, 제주도·거문도·울릉도를 포함한 한
국에 대한 모든 권리, 권원 및 청구권을 포기한다."라고 규정하면서
독도를 문구에서 빼 버렸어요. 이를 토대로 일본은 연합국이 독도를
일본 영토로 인정한 것이라고 주장했어요. 이승만 정부는 일본 주장
에 곧바로 반박했어요. 샌프란시스코평화조약이 SCAPIN과 모순되
는 내용이 아닌 만큼, 독도는 대한민국의 영토라고요. 그와 함께 샌

프란시스코평화조약에 독도가 일본 영토로 기재되었냐고 반문했어요. 일본의 논리대로라면 샌프란시스코평화조약에 명시되지 않은 한반도의 3천여 개 섬 모두가 일본 땅이냐고 따져 물었어요.

미국도 일제 패망 직후에는 독도를 우리의 영토로 인정했어요. 국무·육군·해군 3성 조정위원회SWNCC가 1946년 6월 24일 작성한 〈구 일본 지배하의 위임통치령 및 낙도들의 신탁통치 및 다른 처리 방법에 대한 방침SWNCC 59-1〉에서 독도를 우리 영토로 표기했어요. 여기에 그치지 않고 독도를 포함해 조선의 모든 연안에 있는 작은 섬들이 역사상 그리고 행정상 한국의 일부이며, 이들 섬에 한국인이 사는 만큼 한국의 영토로 고려해야 한다고 밝혔어요.

미국은 샌프란시스코평화조약 초안을 작성할 때도 독도를 한국의 영토로 인정하는 문구를 넣었어요. 그런데 미 국무부 소속 주일駐日 정치고문 윌리엄 시볼드가 '일본이 독도가 자국의 영토라고 오래도록 주장하고 있으며 유효한 것으로 보인다. 또한 안보적으로 이들 섬에 기상 및 레이더 기지를 설치하는 것은 미국에 이익이 된다.'라는 내용의 보고서를 1949년 제출하면서 미국의 태도가 바뀌었어요. 그리고 슬그머니 샌프란시스코평화조약 초안에서 독도를 일본령 다케시마로 변경했어요.

샌프란시스코평화조약 초안을 확인한 대한민국은 즉각적으로 미국에 "일본의 한국병합 이전에 한국의 일부분이었던 도서에 대한 모든 권리, 권원(權原, 어떤 행위를 정당화하는 법률적인 원인), 청구권을 포

딘 러스크 미국 극동 담당 차관보

기함을 확인한다."라는 문구를 수정해 달라고 요구했어요. 그러나 미 국무부는 딘 러스크 극동 담당 차관보 명의로 독도를 한국 영토로 인정할 수 없다는 러스크 서한을 1951년 보내왔어요.

일본은 이를 근거로 대한민국이 독도를 불법 점유(占有, 물건이나 영역, 지위 따위를 차지함)하고 있다고 주장하고 있어요. 과연 일본의 주장이 옳을까요? 절대 그렇지 않아요. 우선 러스크 서한은 미국을 대표하는 문서가 아니에요. 국무장관도 아닌 일개 극동 담당 차관보가 보낸 문서가 미국을 대표한다고 보기 어려워요. 백번 양보해서 러스크 서한이 미국 입장이라고 합시다. 그래 봤자 미국은 샌프란시스코평화조약에 참여하는 한 국가일 뿐이에요. 미국의 입장이 모든 나라의 의견을 대변한다고 볼 수는 없어요. 그렇다면 우리가 공식 문서도 아닌 러스크 서한을 공개하고 일본에 전달할 필요도 없겠죠.

그렇다면 미 국무부는 러스크 서한을 왜 대한민국에 보냈을까요? 우선 러스크 서한을 받을 당시가 6·25전쟁이라는 사실에 주목해야 해요. 미국은 한반도가 공산화될 가능성을 무시할 수 없었어요. 만약 한반도가 공산화된다면 소련과 중국을 견제하기 위해 레이더 기

Excellency:

I have the honor to acknowledge the receipt of your notes of July 19 and August 2, 1951 presenting certain requests for the consideration of the Government of the United States with regard to the draft treaty of peace with Japan.

With respect to the request of the Korean Government that Article 2(a) of the draft be revised to provide that Japan "confirms that it renounced on August 9, 1945, all right, title and claim to Korea and the islands which were part of Korea prior to its annexation by Japan, including the islands Quelpart, Port Hamilton, Dagelet, Dokdo and Parangdo," the United States Government regrets that it is unable to concur in this proposed amendment. The United States Government does not feel that the Treaty should adopt the theory that Japan's acceptance of the Potsdam Declaration on August 9, 1945 constituted a formal

or

His Excellency
Dr. You Chan Yang,
Ambassador of Korea.

독도를 한국 영토로 인정하지 않는다는 내용을 담은 러스크 서한

지를 세울 섬이 필요했어요. 그 목적에 가장 적합한 곳이 독도였던 거죠. 정리하면 미국은 한반도가 공산화될 경우를 대비하여 독도를 일본 영토로 편입시키려 했던 것이에요. 다행히도 한반도가 공산화되지 않으면서 러스크 서한은 휴짓조각으로 전락했어요. 이후 독도를 일본 영토로 편입할 이유가 없어진 미국은 지금까지도 독도 문제에 관여하지 않으려는 태도를 취하고 있어요.

다음으로 과거사 청산과 배상 문제입니다. 샌프란시스코평화조약 체결 당시 소련은 일본에 미군 기지가 설치되는 것을 두고 항의 차원으로 조약에 서명하지 않았어요. 제3세계*를 표방하던 인도는 미

국과 소련의 대결에 끼지 않겠다며 회담에 불참했고요. 그렇다 보니 샌프란시스코평화조약에는 일본을 아시아 진출의 교두보로 활용하겠다는 미국의 입장이 강하게 반영되었어요.

미국에 의해 잘못이 덮이면서 우리는 과거사에 대한 사죄와 배상을 일본에 제대로 요구하지 못했어요. 다른 동아시아 국가들과 마찬가지로 우리도 일본에 사죄와 배상금을 독자적으로 청구해야 했습니다. 그리고 일본은 지금까지도 제대로 된 사과를 하지 않고 있죠. 당연히 배상금도 내놓지 않고요. 자세한 것은 다음 꼭지에서 살펴보기로 해요.

✳ **제3세계**

냉전 체제 아래 미국을 중심으로 하는 자본주의 국가를 제1세계, 소련을 중심으로 하는 사회주의 국가를 제2세계, 민족주의와 비동맹중립주의를 표방하는 인도를 비롯한 아시아 · 아프리카 · 라틴아메리카의 개발도상국을 제3세계라고 부른다.

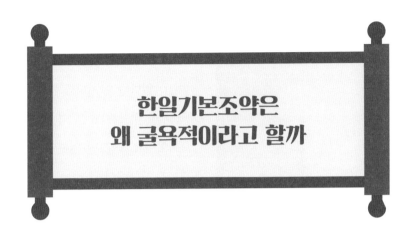

끝나지 않은 불행한 역사

우리는 광복 이후 남과 북으로 분단되고, 6·25전쟁을 겪으면서 매우 혼란한 시기를 보내야 했어요. 안타깝게도 이 시기에 샌프란시스코 평화조약이 조인되면서 우리는 일본으로부터 제대로 된 사죄와 배상을 받을 기회가 사라졌어요. 오히려 일본은 자신들이야말로 진정한 피해자라고 우겼어요. 이런 상황에서 한일 수교가 제대로 이루어질 수 있었을까요?

대한민국이 수립되고 1965년 한일기본조약을 맺을 때까지 우리는 일본과 공식적으로는 7번 회의하고 비공식적으로는 1500번 만났

일본이 우리에게 저지른 과거사에 유감을 표시한 시나 에쓰사부로 총리

어요. 하지만, 국력이 약한 대한민국의 주장은 늘 무시됐어요. 얼마나 무시당했는지는 중국과 비교해 보면 쉽게 알 수 있어요. 1972년 일본의 다나카 가쿠에이 총리는 중국과 수교를 맺는 자리에서 "과거에 일본국이 전쟁을 통해서 중국 인민에게 중대한 손해를 입힌 사실에 책임을 통감하고 깊이 반성한다."라고 발표했어요. 반면에 우리는 시나 에쓰사부로 일본 외무대신이 "양국의 오랜 역사 가운데 불행한 기간"이라고 밝힌 것이 지금까지 일본으로부터 들은 유일한 유감 표시예요.

일본의 이런 인식은 한일기본조약에 그대로 반영되어 일본의 침략과 지배 사실이 아예 명시되지 않았어요. 경제 부문에서도 대한민국은 4년을 지배받은 동남아시아 국가보다도 적은 배상금을 받았어요. 우리는 무려 35년을 지배받았는데 말이죠. 사례를 들어 볼까요? 우리는 1965년 배상금이 아닌 독립 축하금 명목으로 일본으로부터 무상으로 3억 달러를 받았어요. 반면에 미얀마는 3억 4천만 달러, 필리핀은 5억 5천만 달러를 일본으로부터 받았어요. 이들 국가가 우리보다 빠른 1950년대에 배상금을 받았다는 점을 고려했을 때, 우리가 상대적으로 얼마나 적은 금액을 받았는지를 알 수 있습니다.

수차례의 회담, 국민의 분노

일본과 과거사를 청산하고 일본과 수교를 맺기 위한 첫 회담이 1951년에 열렸어요. 6·25전쟁을 효과적으로 치르기 위해 대한민국과 일본의 협력이 필요했던 미국이 회담을 주선했어요. 이 회담을 예비회담(1951년 10월~1952년 2월)이라고 불러요. 당시 대한민국은 북한과 전쟁 중이어서 부득이하게 일본 도쿄에서 회담을 진행했어요. 이승만 정부는 회담장에서 재일 한국인에게 영주권을 주어 일본인과 동등한 법적 지위를 보장해 달라고 요구했어요. 그리고 영해 12해리보다 넓은 바다를 우리 영토로 주장하는 '대한민국 인접 해양의 주권에 대한 대통령의 선언(이승만라인* 또는 평화선)'을 인정하라고 주장했죠. 그러나 일본이 우리의 요구를 거부하면서 회담은 결렬돼요.

제1차 회담(1952년 2월~4월)에서 일본은 우리가 도저히 받아들일 수 없는 억지 주장을 했어요. 일본이 한국에 남겨 놓은 재산을 돌려

✸ 이승만라인
1952년 이승만 정부가 한반도 주변 수역 50~100해리를 우리 영토로 포함했다. 그러나 1965년 한일기본조약으로 유명무실해져 12해리로 영해가 축소되었다.

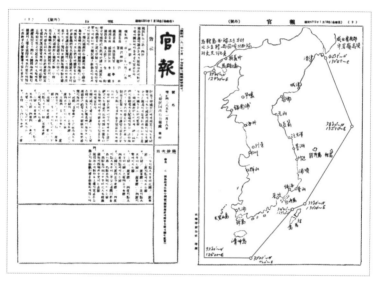

<인접 해양에 대한 주권에 관한 선언>이 실린 1952년 관보(官報, 정부가 국민에게 널리 알릴 사항을 실어 발행하는 기관지. 왼쪽)와 대한민국 지도(오른쪽). 지도에 붉은 선으로 표시한 부분이 이승만라인이다.

달라는 요구와 함께 우리가 협정문으로 제시한 "1910년 8월 22일 이전에 체결된 모든 조약이 무효"라는 문구가 일본인의 감정을 자극하니 삭제해 달라고 요구한 거죠. 우리가 이런 억지 주장을 받아들일 이유가 없는 만큼 회담은 결렬됩니다.

제2차 회담(1953년 4월~7월)은 일본 정부의 요청으로 이승만 대통령이 도쿄로 가서 진행됐어요. 사죄를 요구하는 이승만 대통령에게 요시다 시게루 일본 총리는 과거 잘못은 군벌이 저지른 일로 현재 일본 정부와는 무관한 일이라며 말도 안 되는 변명을 늘어놓았어요. 그러면서 제1차 회담과 마찬가지로 한국에 남겨진 재산 반환과 이승만라인 철폐를 주장했어요.

제3차 회담(1953년 10월)에서 일본 대표로 나온 구보타 간이치로 는 '일본 통치가 한국에 도움이 되었으며, 미 군정이 일본 재산을 한 국에 넘겨준 것은 국제법 위반이다.'라는 망언을 남발했어요. 이 자 리에서도 일본 정부는 자신들의 잘못을 반성하지 않는 모습을 일관 되게 보여 주며, 여전히 말도 안 되는 주장을 되풀이했어요.

제4차 회담(1958년 4월~1960년 4월) 초반에는 일본이 재산청구권 을 포기하고, 구보타 발언을 철회하는 등 과거와는 다른 자세로 회 담에 참여했어요. 그러나 본 회담이 시작되자 언제 그랬냐는 듯 과 거와 똑같은 모습을 보이다가 4·19혁명으로 이승만 정부가 붕괴하 면서 회담은 종료되었어요.

제5차 회담(1960년 1월~1961년 5월)은 제2공화국의 장면 정부와 일본의 이케다 하야토 정부 사이에서 진행되었어요. 이때도 예전 주 장만 되풀이하는 일본 정부 때문에 어떤 성과도 나오지 못하는 가 운데, 5·16군사정변으로 회담은 중단되게 됩니다.

제6차 회담(1961년 10월~1964년 4월)은 한·미·일 모두 정권이 바 뀐 상황에서 진행되었어요. 미국은 아시아에 영향력을 더욱 확대하 기 위해 한일 수교를 강력하게 밀어붙였어요. 일본은 부산 적기론◆

❋ **부산 적기론**
대한민국이 사회주의 국가가 되어 부산에 붉은 깃발이 펄럭이면 일본에 큰 위협이 되니 한국 과 수교를 맺어야 한다는 이케다 하야토의 주장

4·19혁명 때 거리로 나선 여성과 어린이 들

을 내세우며 북한의 위협에서 벗어나고자 했고요. 또한 대한민국에
자본을 투입하여 막대한 이익을 내고자 했어요. 대한민국에서는 쿠
데타로 집권한 박정희가 미국으로부터 권력을 보장받는 동시에 경
제성장을 통해 국민의 지지를 끌어내고자 했지요.

　제6차 회담은 기존과 달리 배상금을 요구하는 청구권 대신 경제

협력 방안으로 합의가 추진되었어요. 이에 따라 중앙정보부장* 김

종필이 일본 외무대신 오히라 마사요시를 만나 무상 원조 3억 달러,

유상 원조 2억 달러, 민간 차관 1억 달러 이상을 제공받는다는 약속

1961년 군사 쿠데타(5·16군사정변)를 일으키고 집권한 박정희

을 받아 왔어요. 사과와 배상금이 없다는 내용이 공개되면 한국 국민의 엄청난 반발이 예상되는 만큼 양국은 비밀리에 협상 준비를 했어요. 하지만 위 내용을 적은 김종필과 오히라의 비밀 메모가 언론을 통해 알려지면서 국내에서 연일 규탄 대회가 열렸어요. 이때 김종필이 나라와 민족을 위해 이완용이 되겠다는 망언을 하면서 더 큰 파장을 일으켰어요. 박정희 정부는 김종필을 공화당 의장직에서 물

✺ **중앙정보부**

5·16군사정변을 일으킨 박정희 소장이 군사정부 최고 의결 기구인 국가재건최고회의 산하에 정보기관이자 수사기관으로 설치하였다. 1964년에는 요원 수가 37만 명에 달할 정도로 규모가 확대되었고, 독재 정권을 유지하기 위해 시민의 기본권을 억압하는 불법행위를 많이 저질렀다.

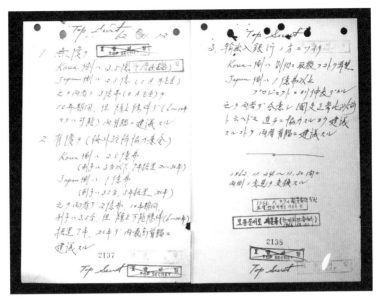

김종필과 오히라 사이에 오간 비밀 메모. 식민지 지배에 대한 일본의 반성 없이 피해자 보상 문제를 소멸시키는 근거가 된다.

러나게 해서 국민의 반발과 저항을 줄이려고 했어요. 그러나 국민의 화는 좀처럼 가라앉지 않았어요.

이처럼 박정희 정부가 국민의 감정과 의사를 무시한 채 한일회담을 단독으로 추진하자 학생과 시민은 6·3항쟁을 일으켰어요. 서울에서만 18개 대학에서 학생 1만 5천여 명이 거리로 나와 시위를 벌이는 등 전국에서 한일기본조약 반대 집회가 연일 열렸어요. 이에 깜짝 놀란 박정희 정부는 계엄령을 선포한 뒤 군대를 동원하여 학생과 시민을 탄압했어요.

제7차 회담(1964년 12월~1965년 6월)은 시민들의 격렬한 반대 속에

1964년 한일 굴욕 외교 반대 현수막을 들고 가두 행진하는 학생들

서 진행되었어요. 일본 대표 다카스기 신이치가 "일본은 조선을 나아지게 하려고 식민지로 지배했다. 일본의 노력은 결국 전쟁으로 좌절되었지만, 조선을 20년 정도 더 가지고 있었으면 좋았을 것이다."라며 망언을 했는데도, 1965년 2월 20일 서울에서 한일기본조약이 가조인됐어요. 그리고 최종적으로 6월 22일 일본 총리 관저에서 한일기본조약을 조인했어요. 이 외에도 부속 협정으로 '청구권·경제협력에 관한 협정', '한일어업협정', '재일교포의 법적 지위와 대우에 관한 협정', '문화재·문화협력에 관한 협정'도 체결했어요.

이 소식을 들은 학생과 시민 4만여 명이 효창운동장에 모여 한일기본조약 무효를 외치며 반대 시위를 벌였어요. 그러나 박정희 정부는 꿈쩍하지 않았어요. 역사의 아픔과 국민의 요구를 무시한 채

1965년 7월 14일 베트남 파병동의안과 함께 한일기본조약을 국회에 안건으로 내놓았어요. 그러고는 여당 단독으로 한일기본조약 비준 동의안을 통과시켰어요. 너무도 비정상적으로 통과된 한일기본조약에 반대하는 시위가 전국적으로 확산하자, 박정희 정부는 위수령衛成令◆을 발동하여 시민을 진압해 버렸어요.

문제가 많은 한일기본조약

한일기본조약 제2조 "1910년 8월 22일 및 그 이전에 대한제국과 대일본제국 사이에 체결된 모든 조약 및 협약이 이미 무효임을 확인한다."라는 문구는 한일 양국이 각자 다르게 해석하는 문제를 가져왔어요. 대한민국은 "이미 무효"라는 문구가 일본이 강제로 맺은 모든 조약의 효력이 없어진다는 것으로 해석해요. 반면에 일본은 1945년 8월 15일부터 조약들이 효력을 상실한 것이라고 주장하고 있어요. 이것은 일본이 아직도 대한제국을 합법적으로 병합했다고 생각한다는 것을 보여 줘요. 또한 앞으로도 일본은 우리에게 어떤 사과도 하지 않겠다는 것을 의미해요.

❋ 위수령
대통령령으로 육군 부대가 일정한 지역의 경비, 질서 유지 및 건축물과 시설물을 보호하는 일

제3조 "대한민국 정부가 국제연합 총회의 결의 제195호에 명시된 바와 같이 한반도에서 유일한 합법 정부임을 확인한다."를 가지고도 일본은 다른 해석을 하고 있어요. 분명 조약문에는 한반도에서 유일한 합법 정부는 대한민국이라고 적혀 있어요. 그런데도 일본은 한반도 남쪽만 대한민국 주권이 미치는 지역이라고 해석하며 대한민국의 정통성을 인정하지 않는 행동을 자주 보이고 있어요.

부속 조약 중 재일 한국인의 법적 지위 협정 제2조는 "일본국에서 출생한 대한민국 국민이 일본국에서 거주하는 것에 관해서는 대한민국 정부의 요청이 있으면 본 협정의 효력 발생일로부터 25년이 경과할 때까지는 협의를 행함에 동의한다."라고 되어 있어요. 그럼에도 일본은 재일 한국인의 법적 지위를 인정해 달라는 대한민국의 요청을 무시하고 있어요. 그 결과 참정권을 부여받지 못한 재일 한국인은 일본 정부로부터 여러 불이익을 받고 있어요.

어업협정에서도 제1조 1항에 "자국 연안의 기선(基線, 영해를 측정할 때 기초가 되는 선)으로부터 측정하여 12해리까지의 수역을 자국이 어업에 관하여 배타적 관할권(연안에서 200해리까지 존재하는 모든 자원을 독점할 권리)을 행사하는 수역으로 설정하는 권리를 상호 인정한다."라고 규정했어요. 이것은 이승만 정부가 확보했던 이승만라인이 사라지면서 대한민국 영토가 축소되는 결과를 가져왔어요. 또한 일본은 이 조항을 독도 영유권을 주장하는 근거로 활용하고 있어요.

청구권 협정 제1조 "일본은 한국에 10년에 걸쳐 무상 3억 달러와

재일교포 3세의 법적 지위 보장을 촉구하는 서명 운동을 벌이는 시민들

유상 2억 달러(연이율 3.5퍼센트, 7년 거치를 포함하여 20년 상환)를 제공한다.", 제2조 "양국과 그 국민의 재산·권리 및 이익과 청구권에 관한 문제가 완전히, 그리고 최종적으로 해결된 것으로 확인한다." 는 일본의 잘못을 더는 묻지 못하게 되는 문제점도 가져왔어요.

아직도 일부 사람은 한일기본조약으로 받은 자금이 오늘날 경제성장의 밑거름이 되었다며 좋게 평가해요. 과연 그럴까요? 우선 한일기본조약으로 받은 금액은 이승만 정부가 1949년 일본에 요구했던 73억 달러의 10분의 1에도 못 미치는 금액이에요. 샌프란시스코 평화조약에서 이야기한 것처럼 동남아시아 국가들이 받은 금액보다도 적어요. 무엇보다 일본이 준 돈은 경제성장에 투입된 전체 비용의 일부에 불과해요. 일본이 준 돈으로 경제성장이 이루어졌다고 말하기에는 너무도 적은 금액이에요.

　그리고 또 다른 문제는 박정희 정부가 일본 정부로부터 받은 돈을 피해자 동의 없이 국가 운영비로 사용했다는 점이에요. 그 결과 피해 보상을 받아야 할 분들이 보상금을 한 푼도 받지 못했어요. 한일기본조약이 체결되고 9년 뒤인 1974년 개인 보상 관련 법이 만들어졌지만, 너무도 적은 금액이 지급될 뿐이었어요. 무엇보다 가장 큰 문제는 이분들이 그토록 원하던 일본의 사과를 받지 못하고 있다는 현실이에요.

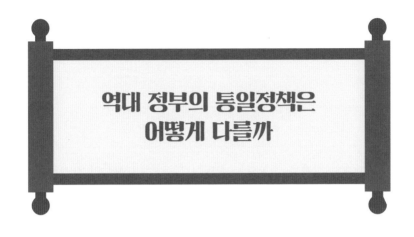

역대 정부의 통일정책은 어떻게 다를까

북으로 진출하는 것만이 통일이다

6·25전쟁이 끝난 후에도 이승만 정부는 북한과 전쟁을 통해 통일하자는 북진통일을 주장했어요. 미군의 도움으로 북한의 침공을 간신히 막고 있는 상황에서 북진통일이 현실적으로 불가능하다는 것을 알면서도 말이에요. 그렇다면 이승만 정부는 북진통일을 왜 포기하지 않았을까요? 그것은 권력을 유지하는 데 북진통일만큼 효과적인 것이 없었기 때문이에요.

우리 국민은 북벌을 갈망하고 있습니다. 북한에 있는 우리 국민은 방금이라도 그들을 궐기시킬 것을 바라고 있으나 우리는 온갖 방도를 다하여 그들을 진정시키고 있고요. 하지만 이것은 대단히 어려운 일이외다.

— 이승만이 국제 정치 고문을 맡았던 로버트 올리버에게 쓴 글

대표적인 사례로 조봉암을 사형시킨 진보당 사건◆이 있어요. 조봉암은 초대 이승만 정부의 농림부 장관으로 토지 개혁에 참여했던 인물이에요. 그런 그가 이승만의 독재에 맞서 1956년 3대 대통령선거 후보로 출마했어요. 이승만의 독재를 위협할 정도로 조봉암이 많은 표를 얻자, 이승만 정부는 조봉암을 간첩으로 몰아 사형시켰어요. 이때 사형시키는 근거로 제시된 것이 북진통일이 아닌 평화통일을 주장했다는 것이에요.

4·19혁명 이후 들어선 제2공화국◆은 북진통일론을 폐기하는 대신, 경제성장 이후 통일하자는 선건설 후통일론을 채택했어요. 동시에 유엔 감시하에서 남북한 총선거로 통일하자고 주장했어요. 하지

❋ **진보당 사건**
과거사정리위원회는 조봉암이 처형된 것을 이승만 정부의 비인도적, 반인권적인 정치 탄압으로 규정하였다. 2011년 대법원은 조봉암에 대한 재심에서 무죄 판결을 내렸다.

———

❋ **제2공화국**
4·19혁명 이후 수립된 제2공화국은 의원내각제로 개헌하고, 장면을 총리로 선출했다. 집권당인 민주당의 신·구파 간 갈등과 경제적 어려움으로 혼란을 겪던 중 5·16군사정변으로 9개월 만에 붕괴하였다.

만 박정희 소장의 5·16군사정변으로 제2공화국이 무너지면서 통일 정책도 힘을 잃게 됩니다.

변화의 바람이 불어오다

1960년대부터 냉전 체제에 변화가 나타나기 시작했어요. 가장 큰 이유는 이념보다는 자국의 이익을 더 중요하게 생각하는 나라가 많아졌기 때문이에요. 이 시기를 휴식 또는 긴장 완화라는 뜻을 가진 프랑스어를 사용하여 데탕트détente라고 불러요. 미국은 베트남전쟁 이후 아시아 국가들의 분쟁에 직접 개입하지 않겠다는 닉슨 독트린 Nixon Doctrine 을 발표했어요. 소련하고도 전략무기제한협정SALT♦을 맺어 군비경쟁을 줄이자는 동의를 얻어 내요. 또한 핵무기 보유국들은 비보유국이 핵무기를 만들지 못하게 하는 핵확산금지조약도 맺었어요.

데탕트는 대한민국에도 영향으로 미쳤어요. 미국은 박정희 정부가 북한과의 갈등을 유발하여 한반도의 군사적 긴장감을 높인다며 주한 미군 1개 사단을 철수했어요. 그러고는 사회주의 국가인 중국과

❋ 전략무기제한협정
1969년 이후 미국과 소련(현재는 러시아) 사이에 진행되고 있는 탄도요격미사일, 핵탄두 등 전략무기를 제한하고 감축하는 여러 협정을 가리킨다.

1972년 10월 12일, 7·4남북공동성명 이후 남북한의 여러 문제를 협의한 첫 회의가 끝나고 자유의집 앞에서 악수하는 이후락 위원장(왼쪽)과 박성철 부수상(오른쪽)

수교를 맺으며 평화 분위기를 조성했어요. 이런 변화는 반공을 내세우던 박정희 정부를 고립시키며 위기에 빠뜨렸어요. 결국 박정희 정부도 북한과의 관계 개선을 위해 접촉을 시도하게 돼요.

1971년 대한적십자사 최두선 총재가 접촉한 이후 약 1년 동안 남북은 25차례 만남을 가졌어요. 특히 중앙정보부장 이후락이 평양을 방문하고 북한 박성철 부수상이 서울에서 박정희 대통령을 만나며 회담한 결과, 1972년 7월 4일 서울과 평양에서 남북공동성명을 발표하게 돼요.

7·4남북공동성명

쌍방은 다음과 같은 조국 통일 원칙들에 합의를 보았다.

첫째, 통일은 외세에 의존하거나 간섭받지 않고 자주적으로 해결하여야 한다.

둘째, 통일은 서로에게 무력으로 맞서는 것이 아니라 평화적 방법으로 실현하여야 한다.

셋째, 사상과 이념 제도의 차이를 초월하여 우선 한 민족으로서 민족적 대단결을 도모하여야 한다.

3. 쌍방은 끊어졌던 민족적 연계를 회복하며 서로의 이해를 증진시키고 자주적 평화통일을 촉진시키기 위하여 남북 사이에 다방면으로 제반 교류를 실시하기로 합의하였다.

7·4남북공동성명에는 무장 도발 중지, 남북조절위원회 구성 등 다양한 내용이 담겨 있어요. 그중에서도 가장 중요한 부분은 자주·평화·민족 대단결이에요. 외세에 의존하거나 간섭받지 않고 평화적인 방법으로 이념과 제도의 차이를 넘어 한 민족으로서 민족적 대단결을 도모한다는 원칙은 현재까지 남북한 모두 통일 원칙으로 삼고 있어요.

1972년 10월 17일 10월 유신을 발표하고 있는 김성진 청와대 대변인

우리는 남북한 대표자들 사이에서 이루어진 회담과 관련해 공동성명을 발표한 것과 앞으로의 접촉과 관련된 원칙을 합의한 것을 환영한다. 한국 지도자들에 의한 이와 같은 노력은 대단히 고무적이며 한반도의 평화와 안전을 위한 전망에 유익한 영향을 미칠 수 있을 것이다. 우리는 한국의 지도자들이 현재 수행하고 있는 작업이 성공하기를 간절히 빌고 있다.

─ 7·4남북공동성명에 대한 미 국무부의 답변

하지만 남북한 모두 7·4남북공동성명을 독재를 위한 발판으로 삼았다는 한계점을 가지고 있어요. 박정희 정부는 북한과 평화로운 관계를 맺음으로써 미국으로부터 유신 체제*를 보장받으려고 했어요. 유신 체제를 발표하기 3개월 전에 7·4남북공동성명을 발표했다는 점이 주장을 뒷받침하는 근거예요.

북한의 김일성도 마찬가지였어요. 북한도 7·4남북공동성명 이후 국가수반과 행정수반으로 나뉘어 있던 권력 구조를 없애고, 새로 만든 주석제에 모든 권한을 부여하는 사회주의 헌법을 제정했어요. 이후 김일성은 주석에 취임하여 무소불위의 권력을 휘두르게 됩니다.

여전히 얼어붙은 남북 관계

전두환 정부는 군사 정변을 일으켜 집권했어요. 이를 12·12사태*라고 해요. 민주화를 기대하던 많은 국민의 반발로 권력 기반이 약했던 전두환 정부는 북한과의 관계가 틀어지는 것을 원하지 않았어요. 그래서 1970년대의 통일정책을 그대로 계승하여 안정적으로 국정을 운영하려고 했어요.

❀ **유신 체제**
1972년 박정희 대통령이 비상계엄령을 선포하고 수립한 제4공화국을 일컫는다. 통일주체국민회의에서 간접선거로 선출된 대통령은 영구 집권이 가능했으며 국회해산권, 긴급조치권, 국회의원의 3분의 1을 임명할 권한 등 입법·행정·사법의 모든 권한을 독점했다. 유신 체제는 김재규가 박정희 대통령을 암살하면서 막을 내리게 된다.

———

❀ **12·12사태**
보안사령관 전두환과 9사단장 노태우 등 하나회를 중심으로 한 신군부 세력이 육군참모총장이자 계엄사령관 정승화를 연행하고 최규하 대통령을 협박하여 권력을 장악한 군사 반란 사건이다.

1988년 개최된 서울올림픽을 위해 만든 올림픽공원에 세워진 평화의문

1984년 집중호우로 피해를 본 남한을 돕겠다는 북한의 제의가 들어왔어요. 이것은 북한이 남한보다 경제적으로 풍요롭다는 사실을 보여 주려는 외교 전략이었어요. 전두환 정부는 기존 정부와는 달리 아무 거리낌 없이 북한 제의를 받아들였어요. 1986년 아시안게임과 1988년 서울올림픽을 앞두고 국제사회에 평화의 메시지를 보내야 했거든요. 예전처럼 남한이 거절하리라 예상했던 북한은 당황하며 남한에 보낼 원조 물자를 마련하느라 무척 고생하게 돼요. 하지만, 이를 계기로 남북한 간에 경제회담과 이산가족 상봉 등이 이루어지

며 통일을 향해 한 걸음 나아가는 듯 보였어요. 그러나 남북한 간의 갈등과 대결이 멈춘 것은 아니었어요.

평화통일에 한 걸음 다가가다

노태우 정부가 들어서는 1980년대 말 미국의 조지 부시 대통령과 소련의 미하일 고르바초프 서기장은 지중해 몰타에서 냉전 체제의 종식을 발표했어요. 독일도 베를린 장벽을 무너뜨리며 통일하게 돼요. 국제사회에서 일어난 일련의 변화는 남북한이 서로의 체제를 인정하며 평화통일을 위해 노력하자는 합의를 이루어 내요. 그리고 그 결과물인 남북기본합의서가 1991년 발표됩니다.

정부는 제5차 남북고위급회담에서 남북 간 화해와 불가침 및 교류 협력에 관한 합의서(남북기본합의서)가 채택됨에 따라 빠르면 오는 17일게 발효에 필요한 국내 절차를 모두 마칠 방침을 세운 것으로 14일 알려졌다. 합의서는 남과 북이 각기 발효에 필요한 절차를 거쳐 내년 2월 18일부터 21일까지 평양에서 열리는 제6차 고위급회담에서 그 문본(文本, 토의에서 합의한 내용을 글로 적은 문건)을 교환하게 되면 효력이 발생하게 된다. 정부는 16일 오전 정원식 총리 주재로 임시 국무회의를 열어 합의서에 대한 의결을 거친 뒤 국회에 보고하기로 하고 16일이나

17일께 국회의 지지 결의를 받아 곧 대통령 재가를 받는 절차를 정한 것으로 알려졌다. 또 북한은 최고인민회의를 거치지 않고 김일성 주석의 재가를 거치는 것으로 절차를 마치게 될 것으로 알려졌다.

— 1991년 12월 14일 자 《연합뉴스》, 〈국무회의, 16일 남북기본합의서 의결〉

남북기본합의서 제1장은 남북한이 서로의 체제를 인정하며 상호 비방과 상대방 파괴 전복 행위를 금지하자는 내용을 담고 있어요. 제2장은 남북 경계선 및 구역에 대한 합의와 함께 무력에 의한 침략 금지와 군사적 신뢰 조성을 이야기하고 있으며 제3장은 경제·과학·기술 등 다양한 분야에서의 교류 협력과 이산가족 상봉 등 민간 교류의 확대를 다루고 있습니다. 이처럼 남북기본합의서는 남북한이 군사적 대결을 멀리하고 상호 교류 방안을 논의했다는 점에서 큰 의미가 있어요.

무엇보다도 1992년 제8차 남북고위급회담에서 한반도 비핵화 공동선언을 체결했다는 사실에 많은 사람이 고무되었어요. 노태우 정부는 이에 발맞춰 핵 포기 정책 선언(1991년 11월), 남한 내 미군 핵무기 완전 철수 선언(1991년 12월), 팀스피릿 한미합동군사훈련 중단 발표(1992년 1월)를 통해 한반도 평화 정착을 약속했어요. 하지만 이 모든 노력은 북한이 1993년 핵확산금지조약NPT을 탈퇴하면서 모두 물거품 되고 맙니다.

평양에서 처음 만난 남북 정상들

김영삼 정부도 남북정상회담 개최 합의를 끌어내는 등 평화통일을 위한 노력을 멈추지 않았어요. 하지만 1994년 김일성 주석이 죽으면서 아쉽게도 무산되고 말았어요. 이후 집권한 김대중 정부는 대북화해협력정책(햇볕정책)을 강력하게 추진했어요. 그 결과 2000년 국가원수로서는 처음으로 평양을 방문한 김대중 대통령은 김정일 국방위원장을 만나 6·15남북공동선언을 발표했어요.

6·15남북공동선언 이후 민간 차원에서 남북 교류가 많이 이루어졌어요. 금강산 관광사업으로 남한의 많은 사람이 금강산을 다녀왔

6·15남북공동선언에 합의한 후 서로 맞잡은 손을 들어 보이는 남한의 김대중 대통령(왼쪽)과 북한의 김정일 국방위원장(오른쪽)

6·15남북공동선언

1. 통일 문제를 우리 민족끼리 힘을 합쳐 자주적으로 해결한다.

2. 남한이 추구하는 연합제와 북한이 추구하는 낮은 단계의 연방제가 가진 공통성을 인정하고 이 방향으로 통일을 지향한다.

3. 8.15에 즈음하여 흩어진 가족, 친척 방문을 교환하며 비전향장기수(사상을 바꾸기를 거부한 채 장기간 감옥 생활을 한 인민군 포로나 남파 간첩) 문제를 해결하는 등 인도적 문제를 조속히 풀어 나간다.

4. 민족경제를 균형적으로 발전시키고 사회, 문화, 체육, 보건, 환경 등 협력과 교류를 활성화하여 신뢰를 다져 나간다.

5. 합의 사항을 실천에 옮기기 위해 빠른 시일 내에 당국 사이의 대화를 개최한다.

으며, 꿈에도 다시 만날 줄 몰랐던 남북 이산가족의 만남이 이루어졌어요. 이 외에도 경의선京義線* 복구 사업과 개성공단 건설 등 경제·문화 교류가 활발하게 이루어지게 돼요.

6·15남북공동선언으로 시작된 남북 간 화해와 협력, 평화통일을 향한

옛 경의선을 따라 만들어진 경의선 숲길

노력은 8월과 11월 두 차례의 이산가족 상봉으로 열매를 맺었다. '남
북 이산가족 교환 방문'은 63명의 비전향장기수 송환(9월 2일)과 9월과
11월 두 차례 '재일조선인총연합(총련)동포 고향 방문'과 함께 체제와
이념을 뛰어넘는 혈육의 정을 확인했고 갈라진 한 민족의 재결합 의지
를 대내외에 천명한 환희의 한마당이었다.

— 2000년 12월 10일 자《연합뉴스》,〈2000년 연합뉴스 국내 10대 뉴스〉

❋ 경의선

일제가 한국과 대륙을 침략하기 위해 1906년에 완공하였다. 서울과 신의주 사이를 연결해 놓
은 518.5킬로미터의 철도로 1930년대에는 서울에서 경의선과 만주 철도, 시베리아 철도를
경유하여 영국 런던까지 갈 수 있는 열차표가 판매되었다. 광복 이후 서울에서 개성 사이의
74.8킬로미터 구간에서만 단축 운행되다가 1951년 6월 12일 운행이 중단되었다.

북한 지도자가 남한 땅을 밟다

───────────── ◇◇◇ ─────────────

이명박 정부와 박근혜 정부는 북한에 대해 강경하게 대응했어요. 그
동안 조성되었던 남북한 평화 관계가 모두 물거품이 되었어요. 이명
박 정부 때는 금강산 관광에 나섰던 박왕자 씨가 북한군 초병(哨兵,
초소를 지키는 병사)의 총격으로 사망하고, 박근혜 정부 때인 2016년
에는 개성공단이 전면 폐쇄되는 등 남북관계는 계속 나빠졌어요. 그
런 가운데 박근혜 대통령이 탄핵당하고 집권한 문재인 정부의 노력
으로 북한과의 관계가 점차 개선되기 시작했어요.

2007년 이후 11년 만에 성사된 남북정상회담은 2018년 4월 27일
판문점 평화의집에서 이루어졌어요. 세계에 하나뿐인 분단국가의 두
정상이 만난다는 점에서 당시 세간의 이목이 집중되었어요. 특히 두
정상이 만나는 판문점 평화의집이 큰 화제가 되었어요. 북한 지도자
김정은이 대한민국 영토인 판문점 평화의집을 방문했다는 사실은
분단 이후 북한 최고 지도자가 남한 땅을 밟은 최초의 사례로 남게
돼요.

> 남북한 정상이 27일 마침내 판문점에서 만났다. '김대중-김정일', '노
> 무현-김정일' 정상회담에 이어 '문재인-김정은' 남북정상회담은 더욱
> 파격적으로 이뤄졌다. 김대중, 노무현 대통령은 평양을 방문해 김정일
> 위원장과 회담을 진행했다. 이번엔 김정은 위원장이 남한 땅으로 넘어

2018년 남북정상회담을 맞아 판문점에서 악수를 나누는 북한의 김정은 국무위원장(왼쪽)과 남한의 문재인 대통령(오른쪽)

왔다. 문재인 대통령과 김정은 국무위원장이 군사분계선에서 손을 맞잡았다. 전 지구촌에 역사적 사건으로 자리 잡았다. 김 위원장은 북한 최고위급 지도자로서는 처음으로 남한의 국군 의장대를 사열하기도 했다. 정전협정이 아직 유지되고 있는 상황에서 이 모습은 의미하는 바가 적지 않다. 전 세계에서 유일한 분단국가. 공산주의와 자본주의의 격한 이념 대립을 보이고 있던 지역. 그곳이 한반도였다. 이 한반도가 동족상잔의 비극이었던 전쟁의 상처와 극한 대립을 넘어 '평화의 시대'로 가고 있다.

— 2018년 4월 27일 자 《에너지경제신문》, 〈이데올로기 시대 종말. "평화 시대로"〉

이날 문재인 대통령과 김정은 국무위원장은 한반도의 평화와 번영, 통일을 위한 판문점 선언(판문점선언)을 공동 발표했어요. 어떤 내용이 있는지 살펴볼까요? 우선 두 정상은 종전 선언을 통해 정전 협정을 평화협정으로 전환하며, 핵무기가 없는 한반도를 만들자고 약속해요. 이를 위해 남·북·미 3자 또는 남·북·미·중 4자 회담 개최도 추진하기로 약속했어요. 또한 군사분계선 일대에서도 확성기 방송과 전단 살포 등 적대 행위를 중지하자는 방안도 논의했어요. 이 외에도 개성에 남북공동연락사무소 설치와 이산가족 상봉을 추진하는 데 합의합니다.

자주국방을 위해
무슨 조약을 맺었을까

미사일이 절실했던 대한민국

분단 이후에도 계속되는 북한과의 잦은 무력 충돌은 대한민국의 국방력 강화가 필요하다는 인식을 만들어 내요. 특히 박정희 정부는 1970년대 주한 미군 7사단이 철수하면서 안보에 큰 위기의식을 가졌어요. 그래서 미국 도움 없이 북한의 도발을 막을 수 있는 자주국방을 완성하기 위해 미사일 개발에 나섰어요. 그렇게 시작된 것이 율곡사업(1974~1995)이에요. 박정희 정부는 미국의 감시를 피하려고 '항공공업계획'이라는 사업명으로 미사일을 개발했어요. 그 결과 1978년 세계 7번째로 미사일 개발국이 됩니다. 야외에서 온몸이 눈

1978년 국군의날 행사에 선보인 백곰 미사일. 그 뒤에 카드섹션으로 나타낸 박정희 대통령의 얼굴이 보인다.

에 덮으며 일한 연구원들의 노고를 기리는 의미에서 이때 만들어진 미사일을 '백곰'이라 불렀어요.

소련과 일본 등 주변국은 미사일 자체 개발에 성공하며 기뻐하던 우리에게 미사일 개발을 중지하라고 압력을 넣었어요. 우방이라 자처하던 미국도 우리가 핵무기를 만들지 않을까 우려하며 국방과학연구소에 특사를 파견하여 미사일 개발 중단을 강요했어요. 미국의 요구를 거부하기 어려웠던 박정희 정부는 타협안으로 평양까지 미사일을 보낼 수 있는 사거리 180킬로미터에 탄두 중량 500킬로그램으로 제한하는 한미미사일양해각서를 체결했어요. 한미미사일양해각서는 조약이 아니에요. 한국이 미사일 개발에 제한을 두겠다고 미국에 통보하는 것에 불과하지만, 한미동맹의 특수한 관계로 인해 조약과 같은 효력을 발휘했어요.

시간이 흐를수록 한미미사일양해각서는 대한민국의 자주국방을 약하게 만들었어요. 한반도를 둘러싼 주변국은 과거와 비교할 수 없을 정도로 엄청난 사거리와 파괴력을 가진 미사일을 보유하게 돼요. 사거리와 탄두 중량이 제한된 미사일로는 영토 수호가 어려워진 대한민국은 한미미사일양해각서를 개정하자고 미국에 요구했어요. 그러나 미국은 군비경쟁이 우려된다며 가만있으라는 답변만 전해 왔어요.

북한은 1990년대 핵무기를 날려 보낼 미사일 개발에 집중투자 하면서 엄청난 성과를 거두게 돼요. 그 결과물이 사거리 2800킬로미터의 대포동 1호라 불리는 미사일이었어요. 김대중 정부는 사거리 180킬로미터 미사일로는 대포동 1호를 막는 것이 불가능하다며 미국에 강하게 개정을 요구했어요. 그제야 미국은 2001년 사거리는 300킬로미터로, 탄두 중량은 500킬로그램으로 늘리는 제1차 개정에 동의하게 돼요. 이것만으로 북한 대포동 1호를 막을 수 없지만, 사거리를 줄이면 탄두 중량을 늘릴 수 있는 트레이드오프trade-off 조항을 추가함으로써 유동적으로 대처할 수 있는 기반을 마련할 수는 있게 되었어요. 이 외에도 민간용 우주 발사체는 사거리와 중량에 제한을 두지 않는다는 조항을 추가하여 미사일 연구 제한을 없앴어요.

하지만 북한과의 격차는 점점 더 벌어졌어요. 북한은 사거리가 최

북한이 1998년 8월 함경북도 화대군에서 발사한 대포동 미사일. 북한은 인공위성 광명성 1호라고 주장하고 있다.

대 1만 2천 킬로미터인 대포동 2호를 개발하고 핵실험도 성공하게 돼요. 안보 위기를 느낀 이명박 정부는 미국에서 미사일 사거리를 늘려 달라고 요구했어요. 이때도 미국은 남아프리카공화국과 브라질 등 다른 나라와의 형평성을 내세우며 한미미사일양해각서를 개정할 수 없다고 반대했어요. 하지만 북한의 위협이 더 커지는 것을 마냥 간과할 수는 없던 미국은, 2012년 사거리 800킬로미터에 탄두 중량 500킬로그램으로 확대하는 개정안에 동의해요. 이때도 제1차 개정과 마찬가지로 탄두 중량을 줄이면 사거리가 늘어나는 트레이드오프 조항을 넣었어요.

제3차 개정은 2017년 문재인 정부 때 이루어졌어요. 자주국방을 강조하던 문재인 대통령은 미국 도널드 트럼프 대통령과의 전화 회담에서 탄두 중량 제한을 해제하겠다는 답변을 받아 내요. 그리고 트럼프 대통령이 한국을 방문하자 약속을 번복하지 못하도록 제일 먼저 한미미사일양해각서를 개정했어요. 탄두 중량 제한이 없어진 대한민국은 2020년 사거리 800킬로미터에 2톤인 탄두를 실은 현무-4를 발사하는 데 성공하며 북한의 미사일 위협을 자력으로 막을 수 있음을 보여 줬어요.

문재인 정부는 여기에 만족하지 않았어요. 2020년에는 고체 연료를 사용할 수 있는 제4차 한미미사일양해각서 개정을 이루어 내요. 고체 연료는 액체 연료보다 보관과 주입 시간 등에서 효율성이 뛰어난 만큼, 사거리 제한이 풀리는 순간 우리는 대륙간 탄도미사일◆을 바로 보유할 수 있는 길이 열린다는 것을 의미해요.

문재인 정부는 연이어 2021년 5월 21일 조 바이든 미국 대통령과의 정상회담에서 한미미사일양해각서를 완전히 해제했어요. 이것은 대한민국이 미사일 주권을 확보하며 사거리와 탄두 중량 제한에 신경 쓰지 않아도 된다는 것을 의미해요. 그리고 몇 나라가 주도하고 있는 우주 사업 경쟁에 참여할 기회를 얻게 된 것이기도 해요.

❋ **대륙간 탄도미사일**
핵탄두를 장착하고 한 대륙에서 다른 대륙까지 공격이 가능한 미사일. 일반적으로 사거리가 5천 킬로미터 이상인 미사일을 가리킨다.

한미미사일양해각서는 왜 해제되었을까

미국은 대한민국의 미사일 개발을 막는 한미미사일양해각서를 왜 해제했을까요? 크게 두 가지 이유가 있어요. 첫 번째는 국제적 위상이 높아진 한국에 대한 믿음이에요. 미국은 우방국으로 여기던 나라들과 여러 번 전쟁을 치른 경험이 있어요. 여러분이 알고 있을 만한 나라로 이라크와 아프가니스탄이 있겠네요. 이들 국가는 미국에서 받은 무기를 가지고 미국과 전쟁을 벌였어요. 그래서 미국은 세계 여러 나라의 무기 개발을 강하게 제재하고 있어요. 우리나라도 예외는 아니어서 한미미사일양해각서와 한미상호방위조약 등을 통해 미국의 제재를 받고 있어요.

그런데 대한민국이 경제·군사 면에서 비약적으로 발전하면서 세계 10위권의 선진국이 되었어요. 미국도 이제는 대한민국을 보호해 준다는 명분을 내세워 제재하기가 어려워지고 있어요. 오히려 강한 제재에 대한민국이 반발할까 걱정하고 있어요. 그래서 미국은 대한민국을 보호국이 아닌 동반자로 우대해 줄 필요가 있다고 판단을 바꿨어요.

두 번째 이유는 중국을 견제하기 위해서예요. 21세기 중국은 경제력과 군사력을 앞세워 주변국을 위협하며 패권주의(覇權主義, 강한 군사력으로 세계를 지배하려는 대외정책)의 모습을 보이고 있어요. 미국은 이런 모습을 자국에 대한 도전으로 보고 중국을 견제하는 여러 정

사드 미사일 발사 장면

책을 펼치고 있어요. 그중 하나가 2016년 대한민국에 중거리 미사일 사드(THAAD, 고고도미사일방어체계) 배치였어요.

이에 반발한 중국은 한국 여행 금지와 중국에 진출한 한국 기업에 불이익을 주는 등 우리에게 경제적 보복을 가했어요. 그로 인해 대한민국이 큰 어려움을 겪자, 미국도 더는 대한민국 영토에 미사일을 배치하겠다고 말하지 못하게 됐어요. 그래서 그 대안으로 한국이 자체적으로 만든 미사일을 보유한다면 중국의 반발을 최소화하면서도 견제가 가능하다고 판단하고 한미미사일양해각서를 해제한 거예요.

하지만 한미미사일양해각서가 해제된 만큼 대한민국은 주변국과의 관계 개선에 힘을 쏟아야 해요. 중국 매체인 《환구시보》는 중국 베이징을 사정권에 포함할 수 있는 미사일 개발에 나서는 대한민국을 경계해야 한다고 말하고 있어요. 일본은 동아시아에서 군비 확장 경쟁을 일으킬 수 있다고 우리를 비난하고 있고요. 북한도 한미미사일양해각서 해제가 미국의 고의적인 적대 행위이며, 한국이 파렴치하고 이중적인 행태를 드러냈다고 맹비난했어요. 그렇기에 우리의 미사일 개발이 평화를 깨뜨리는 행동이 아니라는 사실을 주변 국가에 충분히 이해시켜야 해요. 그리고 무엇보다 미사일이 우리는 지키는 수단이지, 다른 나라를 침략하는 데 사용되어서는 안 된다는 인식을 늘 잊지 말아야겠죠.

우리는 외환위기를
어떻게 극복했을까

빠른 경제성장 뒤에 드리워진 그림자

식민 지배와 전쟁으로 폐허가 된 대한민국은 정말 기적이라는 말처럼 높은 경제 성장률을 기록하며 발전했어요. 1986년 12.2퍼센트, 1987년 12.3퍼센트에 달할 정도로 1980년대 평균 경제 성장률은 7.5퍼센트였어요. 이것이 얼마나 높은 성장률이냐고요? 2010년대 경제 성장률 2.3퍼센트와 단순 비교해도 3배 가까이 높은 성장률이에요. 하지만 빠른 경제성장 뒤에는 저가 위주의 수출 전략과 정경유착(政經癒着, 정치인과 기업가 사이의 부도덕한 관계) 등 많은 문제점이 발생했어요.

1990년대 개발도상국 수준에서 벗어날 것을 기대한 정부는 공개시장운영을 통화정책 수단으로 크게 활용했어요. 공개시장운영이란 중앙은행이 필요에 따라 국채國債◆ 및 유가증권有價證券◆을 매매해 시장금리에 영향을 주는 것을 말해요. 쉽게 설명하자면, 정부가 국채와 증권 거래를 통해 시장에 개입한다는 것이에요.

일반적으로 선진국은 시장을 통제하는 수단으로 공개시장운영을 많이 활용해요. 그렇다면 1990년대 대한민국이 공개시장운영을 통화정책으로 사용했다는 것은 그만큼 경제가 성장했다는 사실을 보여 줘요. 하지만, 이 과정에서 금융기관의 지급 능력을 확보하기 위해 지급준비제도(예금 일부를 중앙은행에 예치하는 것)의 역할이 축소됐어요. 1996년에 들어서면 한국은행(화폐 발행과 통화 신용 조절 등을 담당하는 대한민국의 중앙은행)의 지급준비금 비율이 1~5퍼센트까지 크게 낮아져요. 이것은 훗날 외환위기에 정부가 제대로 대처하지 못하는 한 원인으로 작용해요.

❀ 국채

국가가 부족한 조세 수입을 보충하기 위해 발행하는 차용증서로, 조세와 함께 중요하게 사용되는 국가 재원이다.

❀ 유가증권

수표·어음 등 화폐 대용으로 유통하는 화폐증권과 주식·공채·사채 등 자본과 수익에 대한 청구권을 나타내는 자본증권을 말한다.

한국은행 옛 본관. 현재는 화폐박물관으로 쓰이고 있다.

IMF는 물가, 국제수지 등 거시적 경제 상황이 불안정한 상태에서 금융 자율화를 서두르면 금리의 폭등을 유발하는 등 금융 위기를 초래할 가능성이 크다면서 한국도 이를 감안하여 금융 자율화의 속도를 조절해야 할 것이라고 지적했다. IMF는 최근 급격한 성장 가도에 있는 동남아시아 몇몇 국가들은 경기 과열을 진정하고 인플레(인플레이션 inflation의 줄임말. 통화량이 늘어 화폐 가치가 떨어지고 물가가 계속 올라 일반 대중의 실질적 소득이 줄어드는 현상) 및 국제수지의 불균형을 해소하기 위해 거시적인 긴축정책(국가 예산을 최소한으로 줄이는 정책) 기조를 계속 유지해야 할 것이라고 지적했다. 특히 한국, 말레이시아, 타이완의 경우 국내 수요를 진정하기 위해 더욱 긴축적인 정책이 요구된다고 IMF는 강조했다.

— 1992년 6월 29일 자 《연합뉴스》, 〈급속한 금융 자율화가 금융위기 초래〉

외부적인 요인도 살펴볼까요. 동남아시아에서 외환위기가 터져요. 태국·필리핀·인도네시아 등 동남아시아 국가의 경제가 불안해지자, 이들 국가에 투자했던 외국 금융기관이 돈을 회수했어요. 동남아시아 국가가 돈을 제대로 갚지 못하자, 우리에게까지 여파가 밀려왔어요. 동남아시아에 투자했던 우리나라 금융기관들이 자금을 회수하지 못하면서, 국가 신용도가 낮아지고 원화 가치는 떨어졌어요. 이 모습에 외국 투자자들은 대한민국도 동남아시아처럼 외환위기가 닥칠 것으로 생각하고 서둘러 투자금을 회수했어요.

기업은 투자받아 사업을 진행해요. 그런데 금융기관이 기업에 자금을 투자하지 않고 빌려준 돈을 당장 갚으라면 어떻게 될까요? 사업이 위축되면서 경영이 어려워지겠죠. 이때를 이용하여 서구 금융자본과 투기 세력이 부도 위기에 처한 우리나라 우수 기업을 싼 가격으로 인수했어요. 그 결과 사업 부진→경영 악화→부도→인수라는 악순환이 계속 반복되면서 대한민국은 경제적 위기에 빠지게 돼요.

한국, 대비하지 못한 위기에 빠지다

곳곳에서 외환위기의 징후가 보이는데도, 대한민국 정부는 위기의식을 갖지 못했어요. 1997년 초 한국금융연구원이 외환위기가 일어날 수 있다는 보고서를 발표하자, 경제부총리와 재정경제원은 국민을 불안하게 만든다며 오히려 화를 냈어요. 그러고는 주먹구구식으로 금융시장의 문제를 해결하려고 했어요. 은행과 종합금융회사가 외국 투자자에게 채무(債務, 빛)를 해결하지 못하자, 한국은행은 금융시장의 안정이 필요하다며 채무를 먼저 갚아 주었어요. 하지만 은행과 종합금융회사가 계속 채무를 갚지 못하자, 한국은행에도 15억 달러만 남게 됐어요. 이대로라면 10여 일 후에는 한국은행에 1원도 남지 않게 돼요. 이것은 곧 국가부도가 날 수 있다는 것을 의미하는 거예요.

국제통화기금의 긴급지원자금 유입에도 불구하고 우리나라의 외환위기가 더욱 심화하고 있는 가운데 내년 2월까지 갚아야 할 외채는 최소한 300억 달러에 달하는 것으로 추산되고 있다. 부총리 겸 재정경제원

❋ **종합금융회사**
기업에 금융 지원을 원활하게 할 수 있도록 증권 중개 업무와 보험 업무를 제외한 모든 금융 업무를 할 수 있는 권한을 부여받은 회사로, 종금사라고 부른다. 1997년 말 종합금융회사는 30여 개에 달했으나, 외환위기 이후 1개 회사가 설립된 데 반해 22개 회사가 사라지고, 7개 회사는 다른 종합금융회사에 흡수되었다.

장관은 지난 20일 김대중 대통령 당선자에게 연말까지 가용외환보유
고(정부가 가지고 있는 외환 보유액에서 국내 금융 기관의 해외 점포에 예치
한 외환 자산을 뺀 부분. 가용 외환 보유액이 없어 대외 채무를 갚을 수 없을
때 채무 불이행을 선언하게 된다)가 15억 달러 정도로 추산된다는 보고를
한 것으로 알려졌다.

— 1997년 12월 23일 자《연합뉴스》,〈내년 2월까지 갚아야 할 외채 최소
300억 불〉

최악의 경제난을 겪고 있는 스리랑카의 외화보유고가 20억 달러 아래
로 줄어들었다. 국제통화기금으로부터 구제금융을 받기 위한 협상도
조만간 시작할 예정이다. 여당과 시민 등은 전국 곳곳에서 반정부 시
위를 벌이고 있다. 이에 라자팍사 대통령은 비상사태와 주말 통행금지
등을 발동했다가 해제했고, 야당에는 거국 중립내각(특정한 정당이나 정
파를 배경으로 하지 않는 내각) 구성도 제안한 상태다.

— 2022년 4월 8일 자《연합뉴스》,〈최악 경제난 스리랑카, 외화보유고 20억
달러 아래로 줄어〉

국가 외화보유액이 줄어들자, 기업은 더욱 어려워졌어요. 사업에
필요한 돈을 투입하지 못하니, 경영을 포기하는 기업이 늘어나게 되
었어요. 대기업도 예외가 아니었어요. 재계 순위 8위 기아를 비롯하
여 14위 한보철강 등 여러분이 들어 봤을 만한 기업들이 연쇄적으로

부도가 났어요. 대기업이 부도나자 그 밑의 도급업체(물건의 제조·수리·서비스의 제공 등의 업무를 맡아 주는 업체) 및 협력업체가 줄지어 부도났어요. 그러자 기업에 빌려준 돈을 회수하지 못한 종합금융회사도 더는 버티지 못하고 부도 신고를 냈어요.

IMF에 도움을 요청하다

김영삼 정부는 외환위기를 극복하기 위해 국제통화기금IMF*에 구제금융 신청을 했어요. 이 소식에 많은 국민은 불투명한 미래에 대한 두려움으로 불안에 떨어야만 했어요. 그리고 절대 있어서는 안 된다고 우려하던 일이 현실이 되기까지는 오랜 시간이 걸리지 않았어요. 국가부도로 대한민국 30대 대기업 중 17곳이 부도나고, 127만 명이 실업자가 되어 생계유지에 어려움을 겪어야 했어요.

대한민국의 구제금융을 위해 1997년 12월 3일 한국에 온 미셸 캉드쉬 IMF 총재는 정권이 바뀌어도 IMF 협상 결과를 받아들이겠다는 확답을 요구했어요. 다른 선택지가 없던 만큼 대통령 후보 모두

❋ **국제통화기금**
1944년 브레턴우즈협정에 따라 1945년 설립된 국제 금융 기구로 자금을 빌리는 나라와 협의하여 그 나라의 경제정책에 개입할 수 있다. 한국은 1955년 가입하였으며, 2021년 기준 190개 나라가 회원국으로 가입되어 있다.

(왼쪽부터) 1997년 12월 3일 IMF 긴급자금지원 기자회견을 마치고 악수하는
이경식 한국은행 총재, 임창렬 경제부총리, 캉드쉬 IMF 총재

차관 제공 합의 의향서

1. 목적

이 프로그램의 목표는 외부 경상수지 적자를 1998년과 1999년도 GDP(국내총생산. 한 나라에서 일정 기간 동안 생산한 재화와 서비스의 가치를 돈의 액수로 바꾸어 전부 더한 것)를 1퍼센트 이하로 줄이고, 물가상승률을 5퍼센트 이하로 줄이며, 1998년도에 실질 GDP 성장률을 3퍼센트로 제한하고, 대외 신뢰를 빠르게 회복하기를 바라며 1999년에는 잠재성장률 수준으로 끌어올리는 것이다.

2. 통화 및 환율정책

• 현재 위기에 대한 정부의 해결책을 시장에 보여 주기 위하여 통화정책은 시장 안정을 회복·유지하고, 최근의 원화 절하에 따른 인플레이션 압력을 억제할 수 있도록 즉각 긴축 기조가 되어야 한다.

• 1998년도의 통화 증가는 물가상승률을 5퍼센트 이하로 억제하는 것과 일치하는 금리로 제한될 것이다.

3. 재정정책

• 1998년에는 통화정책의 부담을 완화하고 금융 부문 구조조정을 위한 비용을 조달하기 위하여 긴축 재정 정책이 유지될 것이다.

IMF 협상 결과에 따르겠다는 각서를 제출했어요. 그리고 이틀 뒤인 12월 5일 대한민국 정부는 IMF와 차관 제공 합의 의향서를 체결해요.

외환위기로 세상은 어떻게 바뀌었을까

외환위기가 제일 먼저 가져온 변화는 정권교체였어요. 외환위기의 징후를 무시하고 안일하게 대처하려 했던 집권당 대신 국민은 야당 후보였던 김대중을 선택했어요. 대한민국 정부 수립 이후 투표에 의해 최초로 여야 정권교체가 이뤄진 거죠. 이것은 12월 3일을 '국가부도의 날' 또는 '경제 국치일'이라 부르던 국민이 기존 정권에 심판을 내린 것이었어요. 그와 함께 새로운 정부에 국가부도라는 큰 문제를 조속히 해결하라는 중차대한 임무를 맡긴 것이기도 해요.

김대중 정부는 취임 초기부터 경제회복을 최우선 과제로 삼았어요. 그리고 그동안 당연하게 생각해 온 많은 악습과 관행을 고쳐 나갔어요. 또한 독점재벌의 해체, 공기업의 민영화(民營化, 국가에서 운영하던 기업 따위를 민간인이 경영하게 함), 부실기업 정리, 노동자 정리해고의 간편화, 소비 촉진 등 경제구조 개편에 힘을 기울였어요. 여기에 대한민국을 다시 일으키겠다는 국민의 의지와 노력이 더해지면서, 우리는 IMF 구제금융 신청을 한 지 2년 만에 실업률을 제외한

대부분 경제지표가 외환위기 이전 수준으로 회복돼요. 무역수지 흑자도 1998년 390억 달러, 1999년 239억 달러를 기록하면서 고성장·저물가·경상수지 흑자라는 놀라운 결과물을 만들어 냈어요.

하지만 모든 것이 호황을 누리던 예전으로 되돌아간 것은 아니었어요. IMF에 큰 영향력을 행사하는 미국에 의해 무역 관련 보조금 폐지, 수입 승인제 폐지, 수입 증명 절차 간소화 등 외국 자본이 한국에 손쉽게 유입될 기반이 만들어졌어요. 또한 외국 금융기관들이 부도 위기를 겪는 건실한 국내 기업을 인수했어요. 이 외에도 대한교과서, 포항제철, 한국담배인삼공사, 한국통신공사 등 9개 공기업이 민영기업(민간인이 출자하여 운영하는 기업)으로 바뀌어요.

국민 개인에게 나타난 가장 큰 변화라면 강제퇴직과 연봉제일 거예요. 외환위기 극복 과정에서 기업들은 구조조정을 위한 명분으로 정리해고를 많이 했어요. 그로 인해 한창 일할 시기인 40~50대 근로자들이 강제 퇴직당하면서 '사오정(45세가 정년)', '오륙도(56세까지 직장에 남아 있으면 도둑)'와 같은 용어가 등장하기도 했어요. 또한 평생직장과 호봉제◆라는 개념이 퇴색하고, 그 대신 평생직업과 연봉제◆

✸ **호봉제**
근속 연수(한 직장에서 계속 근무한 햇수)나 나이에 따라 급여 또는 지위가 올라가는 제도
———
✸ **연봉제**
근로자의 능력과 업적을 평가하여 연간 임금액을 결정하는 제도

라는 개념이 익숙해졌죠. 기업이 좀 더 자유롭게 노동자를 해고할 수 있게 되면서 비정규직 근로자도 많이 증가했어요. 이에 따라 고용시장이 불안해지고 노동자의 삶의 질이 떨어지는 등 여러 사회적 문제가 발생하고 있어요.

온 국민이 힘을 모으다

국민도 책임을 면할 길이 없다. 전 세계 시장이 단일화된 마당에 국민들은 개개인의 경쟁력을 높이는 데 소홀했으며 근로자들은 그저 지속적인 임금 인상, 보신주의(개인의 지위·명예·행복만을 추구하는 이기주의적인 경향이나 태도) 등 개개인의 이익만을 수호하는 데 급급한 것을 부인할 수 없다. 국민 개개인의 몫은 더욱 크다. 자원도 기술도 없는 나라의 백성이면서 한민족의 미덕인 절제심과 근면의 끈을 놓아 버린 채 과소비와 사치, 방종의 생활을 영위한 것이 적잖은 우리 국민들의 생활자세였기 때문이다.

— 1997년 11월 22일 자 《연합뉴스》, 〈위기 경제, 이렇게 살리자〉

외환위기가 터지자 정부와 언론매체는 국민의 과소비를 문제 삼았어요. 어려운 시절을 생각하지 않고 백화점에서 수백만 원짜리 속옷을 사는 등의 과소비로 외환위기가 왔다고 말이에요. 그런데 수백

1998년 금 모으기 운동이 이루어지는 현장

만 원인 속옷을 살 수 있는 사람이 얼마나 될까요? 그리고 속옷 사
는 데 쓰인 돈이 나라를 외환위기에 빠뜨릴 정도로 큰 금액이었을까
요? 당연히 아니겠죠. 결국 정부는 외환위기의 책임을 국민에게 돌
리는 파렴치한 행동을 한 것이에요.

그럼에도 국민은 잘잘못을 따지지 않았어요. 지금 당장 위기에 빠
진 나라를 구하는 것이 가장 급하다고 생각했으니까요. 임금 삭감
과 실직 등으로 힘든 상황에서도 국민 모두가 팔을 걷어붙이고 나
라 돕는 일에 뛰어들었어요. 이런 국민의 모습을 보여 주는 대표적
사건이 금 모으기 운동이에요.

1998년 1월 5일부터 3월 14일까지 약 두 달간 진행된 생방송
〈KBS 금 모으기 캠페인〉에 349만 명이 참여했어요. 이때 모인 금
이 225톤으로 당시 시세로 21억 7천만 달러였어요. 물론 이렇게 모

인 금이 외환위기를 극복하는 데 결정적인 역할을 한 것은 아니에요. 하지만 IMF로 어려움을 겪던 많은 사람이 서로를 도우려는 모습에 힘과 용기를 얻었어요. 그리고 용기를 내서 다시 일어서려고 노력했어요. 그 결과 2015년 MBC 조사에 따르면 국민은 금 모으기 운동을 광복 이후 가장 자랑스러웠던 순간 3위로 기억하고 있어요.

정부와 기업, 그리고 국민의 인내와 노력 덕분에 대한민국은 IMF 관리 체제를 2001년 8월 23일 2년 만에 공식 종료했어요. 이것은 IMF가 만들어진 이후 가장 짧은 기간에 종료된 것이에요. 그리고 2021년 현재 대한민국은 국내총생산 2,057조 원으로 세계 10위의 경제 강국으로 도약했어요. 1인당 국민총소득(GNI, 한 나라의 국민이 일정 기간 생산 활동에 참여한 대가로 벌어들인 소득의 합계)도 1990년대의 1만 달러보다 3배나 많은 3만 5,168달러가 되어 세계인의 부러움을 받는 국가로 발전했어요.

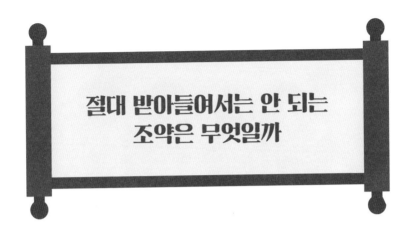

절대 받아들여서는 안 되는
조약은 무엇일까

일본군 '위안부'란?

1937년 중국 난징을 점령한 일본군이 수많은 중국 여성을 강간한 일에 대해 국제사회의 비판이 쏟아졌어요. 일본은 다시는 이런 일이 생기지 않게 하는 대책이라면서 1932년부터 운영해 오던 위안소慰安所◆를 모든 전쟁터에 설치했어요. 중국과 동남아시아에 설치된 위안소에서 한국인을 비롯한 여러 나라 여성이 매일 집단성폭행을 당했

❋ 위안소
일본이 태평양전쟁 중에 군인과 군무원을 위해 설립한 시설로, 이곳에서 많은 여성이 성노예 생활을 하며 인권이 짓밟혔다.

1944년 미군의 심문을 받고 있는 일본군 위안부들

어요. 당시 강제로 끌려와 인권을 유린당한 여성을 일본군 '위안부'
라고 불러요. 영어로는 'Japanese Military Sexual Slavery(일본군 성노
예)'라고 정의해요.

16살에 자다가 군인에게 붙들려 갔는데 군인 방에 들어가지 않는다고
전기 고문 등 갖은 고통을 당했다. 대구에서 우리를 데려간 남자가 위
안소의 주인이었다. 우리들은 그를 '오야지'라고 불렀다. 방에 들어가
라고 하는데 안 들어가려고 하니까 주인이 내 머리끄덩이를 잡아끌고
어느 방으로 데려갔다. 그 방에서 전기 고문을 당했다.

위안소에서는 매일 폭언과 폭행이 자행되었어요. 심지어 죽임을 당하는 여성도 많았어요. 그러면 위안소에 끌려간 여성의 숫자는 얼마나 될까요? 일본이 위안부 여성을 살해하고 문서를 조작 및 은폐하며 진실을 숨긴 결과 정확한 숫자를 알 수 없어요. 다만 40만 명에 달할 것으로 추정하고 있습니다.

합의를 위해 기울인 노력들

일본군 위안부 문제는 1980년대 말 세상에 알려졌어요. 이에 대해 일본은 여성을 강제 동원한 사실이 없고, 1965년 한일기본조약에 따라 보상할 의무가 없다고 주장했어요. 범죄를 저지르고서도 반성하지 않는 일본 태도에 김학순 할머니는 화가 났어요. 무슨 일이 있어도 일본의 사과를 받아야겠다며 김학순 할머니는 1991년 본인이 위안부 여성이었다는 사실을 공개 증언했어요. 이후 김학순 할머니의 태도에 용기를 얻고 동참한 위안부 피해자들이 일본에 사죄와 배상을 요구했어요.

그러나 돌아오는 답변은 위안소 설치와 운영은 민간업자가 벌인 일로 일본 정부와 무관하다는 것이었어요. 다행히 일본에도 과거를 부끄러워하고 바로잡으려는 양심 있는 사람들이 있었어요. 그중 한 분인 요시미 요시아키 교수는 위안소 설치와 운영에 일본군이 관여했음을 보여 주는 증거자료를 신문에 공개했어요. 그제야 고노 요헤이 관방장관은 위안부 모집이 감언(甘言, 달콤한 말)과 강압으로 이루어졌으며, 위안소 생활이 강제적이고 참혹한 역사적 사실이라고 인정했어요. 이것을 고노 담화라고 불러요. 그렇지만 고노 장관은 1965년 한일기본조약에 따라 일본 정부가 법적 책임을 질 필요는 없다고 선을 그었어요. 다만 도의적 책임을 지고 아시아평화 국민기금(아시아여성기금)을 설치하여 위안부 피해자를 돕겠다고 말했어요.

> 위안소는 당시 (일본) 군 당국이 요청해 설치·운영되었으며, 위안소의 설치, 관리 및 위안부의 이송에는 옛 일본군이 직접 또는 간접적으로 이에 관여했다. (…) 위안부의 출신지는 일본을 제외하면 한반도가 큰 비중을 차지하고 있었다.
> ― 고노 담화

책임을 회피하기 위한 꼼수라는 사실을 아는 우리는 '보상補償'이라는 용어부터 우선 바로잡고자 했어요. 보상은 적법한 절차를 밟아 이루어진 행위에 피해를 본 사람에게 또는 단체에 손해를 갚아 주는 것이에요. 배상賠償은 비합법적으로 권리를 침해당한 사람에게나 단체에 손해를 갚아 주는 것을 의미하고요. 즉 일본이 보상이라

평화의 소녀상. 일본군 위안부 피해자들을 기리고 올바른 역사 인식을 확립하기 위해 대한민국과 해외 곳곳에 세워진 조형물이다.

는 단어를 사용하여 자신들의 불법행위를 숨기려는 태도를 꼬집었어요. 그렇기에 민간 모금에 의한 보상도 받아들일 수 없다고 말했어요.

2000년대에 들어서자 국제사회도 변화의 움직임을 보였어요. 국제사회는 유엔인권위원회 보고서, 국제노동기구 권고, 국제법률가협회 보고서 등을 통해 일본 정부에 조속한 문제 해결을 요구했어요. 특히 2000년 도쿄에서 열린 '일본군 성노예 전범 여성 국제법정'에서 일본 정부에 유죄판결을 내렸어요. 이 판결에 강제성은 없지만, 일본의 행동이 얼마나 비윤리적인 행동인지를 세계에 낱낱이 보여 주는 계기가 만들어졌어요.

이에 발맞춰 2005년 노무현 정부는 "청구권 협정은 일본의 식민지 배상을 청구하기 위한 것이 아닐 뿐 아니라, 일본군 위안부처럼 일본 정부와 군 등 국가권력이 관여한 반인도적 불법행위는 청구권 협정으로 해결된 것으로 볼 수 없어 일본 정부의 법적 책임이 남아 있다."라며 정부의 적극적인 노력을 약속했어요. 연이어 헌법재판소도 그동안 역대 정부가 위안부 문제에서 해야 할 일을 하지 않은 것은 잘못이라고 판결했어요. 이를 계기로 박근혜 정부는 헌법소원(개인이 헌법에 어긋나는 명령, 규칙, 처분으로 권리와 이익을 침해받을 때, 헌법재판소에 처분의 취소 또는 변경을 요청하는 일) 결과에 따른 후속 조치로 2015년 12월 28일 한일 일본군 '위안부' 합의(일본군 위안부 합의)를 발표하게 돼요.

일본군 위안부 합의는 무효다

그런데 문제는 위안부 합의를 발표하는 과정에서 피해자들의 의사

✲ 출연금

국가가 해야 할 사업이지만 여건상 정부가 직접 수행하기 어렵거나 민간이 대행하는 것이 더 효과적이라고 판단될 경우, 법에 따라 국가가 민간에 대가 없이 지원하는 돈

가 하나도 반영되지 않았다는 거예요. 오히려 일본 주장을 그대로 따르고 있어요. 우선 일본군 위안부 합의문에는 '법적 책임(법이 정한 책임)'이라는 용어가 전혀 사용되지 않았어요. 그리고 10억 엔을 상처를 치유하는 목적으로 준다는 것은 일본이 범죄 사실을 인정하지 않고 '도의적 책임(개인의 양심이나 사회적 통념에 따른 책임)'만 지겠다는 기존 입장이 그대로 반영된 것이에요. 여기에다 기시다 후미오 일본 외상이 위안부 합의 직후 출연금♦ 10억 엔은 배상이 아니라고 발표했어요. 이것은 일본이 어떤 의도를 갖고 위안부 합의에 나섰는지

일본군 위안부 합의

〈일본 측의 입장〉

1. 한국 정부가 전 위안부들의 지원을 목적으로 하는 재단을 설립하고, 이에 일본 정부 예산으로 자금을 일괄 거출(醵出, 같은 목적을 위하여 여러 사람이 돈을 나누어 내다)한다. 또 일본과 한국 두 나라 정부가 협력하여 모든 전 위안부들의 명예와 존엄을 회복하고 마음의 상처를 치유하는 사업을 행하기로 한다.

2. 또한 앞서 언급한 예산 조치에 대해서는 대략 10억 엔 정도를 상정하고 있다.

〈한국 측의 입장〉

1. 이번 발표를 통해 일본 정부와 함께 이 문제가 최종적 및 불가역적으로 해결될 것임을 확인한다.

2. 한국 정부는 일본 정부가 주한일본대사관 앞의 소녀상에 대해 공관의 안녕·위엄의 유지라는 관점에서 우려하고 있는 점을 인지하고, 한국 정부로서도 가능한 대응 방향에 대해 관련 단체와 협의 등을 통해서 적절히 해결되도록 노력한다.

를 잘 보여 주고 있어요.

좀 더 자세히 살펴볼까요. 박근혜 정부는 합의문에서 '최종적 및 불가역적(변화를 일으킨 후 원래의 상태로 돌아갈 수 없는)으로 해결'이라는 부분을 가지고 일본이 잘못을 인정하는 합의를 다시 바꾸는 행위가 없어야 한다고 해석했어요. 그러나 일본은 1965년 한일기본조약에서 청구권 문제가 해결되었으니 더는 문제 삼지 말라는 의미로 해석하고 있어요. 이를 바탕으로 대한민국은 앞으로 일본군 위안부 합의 이후 일본에 어떤 문제도 제기할 수 없다고 주장하고 있고요.

무엇보다 가장 큰 문제는 일본군 위안부 합의문은 피해자들에게 씻을 수 없는 큰 상처를 또다시 남겼다는 거예요. 피해자들이 일본

거리로 나선 일본군 위안부 피해자들
(왼쪽부터 이용수, 김복동, 이옥선, 길원옥)

정부에 요구하는 것은 크게 세 가지입니다. 범죄 사실 인정, 진심 어린 사과, 재발 방지를 위한 교과서 서술. 이 세 가지가 그토록 어려운 일인가요? 누가 시키지 않아도 정상적인 상식을 가졌다면 당연히 해야 하는 일 아닐까요? 그런데 일본과 박근혜 정부는 피해자들이 더 많은 돈을 받아 내기 위해 억지 주장을 벌이는 것처럼 매도해 버렸어요. 평균연령 90세가 넘으신 분들에게 돈이 그렇게 중요한 가치일까요. 그분들이 제일 듣고 싶은 말은 "미안하다. 내가 잘못했다. 다시는 이런 일이 없도록 할게." 이 말이 전부인데요.

다행스럽게도 위안부 합의는 절차상 조약으로 인정될 수 없어요. 조약으로 인정되지 않으니 법적 효력도 발생하지 않아요. 조약법에 관한 비엔나협약 제2조 a항은 "'조약'이라 함은 한 문서 또는 더 많은 문서에 구현되고 있는지, 또 특정한 명칭과 관계없이 서면 형식으로 국가 간에 체결된다. 또한 국제법에 따라 규율되는 국제적 합의를 의미한다."라고 정의하고 있어요. 그런 점에서 홈페이지에 양국 외교부 장관의 회담 결과를 공지한 뒤, 기자회견 하는 것으로 마무리한 위안부 합의는 조약의 조건을 갖추지 못해요.

또한 헌법에 따라 조약이 체결·공포되어야 하며, 대통령이 나라의 법에 행한 일을 모두 문서로 남겨 두어야 하는데, 위안부 합의는 이 절차를 따르지 않았어요. 그렇기에 위안부 합의는 법적 구속력을 갖지 못합니다. 그래서 문재인 정부는 2018년 11월 21일 여성가족부가 세운 화해·치유재단(위안부 재단)을 해산하겠다고 공식 발표하며 위안부 합의가 무효임을 천명했어요.

1. 제2차 세계대전 중에 일본제국군에 의해 설치된 위안소 제도가 국제법 아래 의무를 위반한 것을 인정하고, 그에 대한 법적 책임을 수락할 것.

5. 역사적 현실을 반영하도록 교육 커리큘럼을 새롭게 해서, 이들 문제에 대한 의식을 높일 것.

6. 제2차 세계대전 중에 위안부를 모집하고 이들을 위안소에 수용하는

데 관여한 범행자를 가능한 한 명확히 지정하고, 처벌할 것.

― 1996년 유엔인권위원회 〈여성에 대한 폭력 특별 보고서〉의 권고

조약 연표

한국 역사의 흐름		연도	세계 역사의 흐름
		1854	미일화친조약
	신미양요	1871	청일수호조규 독일제국 수립
	운요호 사건	1875	
	강화도조약	1876	인도제국 수립
임오군란	조미수호통상조약 조청상민수륙무역장정 제물포조약	1882	독일, 오스트리아-헝가리, 이탈리아 삼국동맹 체결
갑신정변	한성조약	1884	청프전쟁
	청일 텐진조약	1885	청일 텐진조약 인도, 인도국민회의 결성 베트남, 껀브엉운동 전개
	동학농민운동	1894	청일전쟁(~1895)
	을미사변 단발령 을미의병	1895	시모노세키조약 삼국간섭
	대한제국 수립	1897	
	경인선 개통	1899	청, 의화단운동(~1901)
		1902	제1차 영일동맹
		1904	러일전쟁
	을사늑약 천도교 창시	1905	가쓰라-태프트 밀약 제2차 영일동맹 포츠머스조약 러시아, 피의 일요일 사건

한일신협약	1907	제2차 만국평화회의 삼국협상
간도협약	1909	오스만제국, 무스타파 케말 민족운동 전개
한일병합조약	1910	
6·25전쟁 발발	1950	유엔, 한국 파병 결의
1·4후퇴	1951	샌프란시스코평화조약
정전협정 한미상호방위조약	1953	
사사오입 개헌	1954	제네바회담 미일상호방위원조협정
한일협정 베트남 파병	1965	제2차 베트남전쟁
한미행정협정	1966	중국, 문화대혁명
	1969	닉슨 독트린 발표 전략무기제한협정SALT
7·4남북공동성명 10월 유신	1972	중국, 일본 수교
한미미사일양해각서 체결 12·12사태	1979	중동평화조약 소련, 아프가니스탄 침공 이란, 팔레비 왕조 붕괴
남북기본합의서 채택 남북한 유엔 동시 가입	1991	소련공산당 해체 독립국가연합CIS 결성 걸프전쟁 발발
IMF 차관 제공 합의	1997	교토의정서 채택 영국, 중국에 홍콩 반환
남북정상회담 6·15남북공동선언	2000	체첸, 러시아 종전 협상 시작
한일 일본군 '위안부' 합의	2015	
판문점선언	2018	
한미미사일양해각서 해제	2021	

꼬리에 꼬리를 무는 한국의 조약 이야기

초판 1쇄 발행 2023년 8월 31일
초판 2쇄 발행 2024년 4월 26일

지은이 | 유정호
펴낸곳 | (주)태학사
등록 | 제406-2020-000008호
주소 | 경기도 파주시 광인사길 217
전화 | 031-955-7580
전송 | 031-955-0910
전자우편 | thspub@daum.net
홈페이지 | www.thaehaksa.com

편집 | 조윤형 여미숙 김태훈
마케팅 | 김일신
경영지원 | 김영지

ⓒ 유정호, 2023. Printed in Korea.

값 14,500원
ISBN 979-11-6810-203-3 43910

"주니어태학"은 (주)태학사의 청소년 전문 브랜드입니다.

책임편집 고여림
디자인 이유나